韩非的智慧

HAN FEI DE ZHIHUI

陈泳达 著

经济日报出版社

图书在版编目（CIP）数据

韩非的智慧 / 陈泳达著. —北京：经济日报出版社，2019.1

ISBN 978-7-5196-0449-3

Ⅰ. ①韩… Ⅱ. ①陈… Ⅲ. ①韩非（前280-前233）-政治思想-研究 Ⅳ. ①B226.5

中国版本图书馆CIP数据核字（2018）第292602号

韩非的智慧

著　　者：陈泳达
责任编辑：王　含
责任校对：力　扬
出版发行：经济日报出版社
地　　址：北京市西城区白纸坊东街2号（邮编：100054）
电　　话：010-63567690（编辑部）　63567687（邮购部）
010-63516959　63559665　83558469（发行部）
网　　址：www.edpbook.com.cn
E-mail：edpbook@sina.com
经　　销：全国新华书店
印　　刷：成都勤德印务有限公司
开　　本：880mm×1230mm　1/32
印　　张：6
字　　数：160千字
版　　次：2019年1月第一版
印　　次：2019年1月第一次印刷
书　　号：ISBN 978-7-5196-0449-3
定　　价：32.00元

镜子里的文明光辉

——陈泳达《韩非的智慧》序

彭 亮

“大本领人当日不见有奇异处，真学问者终身无所谓满足时。”第一时间拜读泳达先生《韩非的智慧》，发现泳达先生对新时代背景下韩非子法治思想的理解十分深刻，这是泳达先生躬耕哲文，学贯经纬、智圆行方的写照，除感慨韩非子的大光明、大智慧外，更感叹泳达先生关心国家、关注社会、关护民族的博大胸襟。

“观今宜鉴古，无古不成今。”历史，是一面镜子，它照亮现实，也照亮未来。因此，只有了解过去，尊重历史，才能更好地把握现实；以史为鉴，与时俱进，才能更好地走向未来。《韩非的智慧》诠释了“法令行则国治，法令弛则国乱”的道理，折射出修身立德、治国理政、干事创业的宝贵经验和无穷智慧。

众所周知，真正的法治，不是镌刻在磐石、铜表之上的条文，而是铭刻在人们内心深处的自觉。

党的十九大报告，在指明新时代发展方向、目标任务的同时，贯穿着“全面依法治国、坚持厉行法治、国家监察体制改革、反腐败国家立法、共建共治共享的社会治理格局”等大量法治的精神和要求，依法治国已不再是一个口号，而是对全国人民的承诺，成为了实现中华民族伟大复兴中国梦的护航标，让我们深切感受到法治的力量和可期可待的美好未来。

我们期盼，在我们决胜全面小康社会的进程中，建立起一种法治文化形态和社会生活方式，形成“办事依法、遇事找法、解决问题用法、化解矛盾靠法”的思维方式，增强全社会厉行法治的积极性和主动性，形成守法光荣、违法可耻的社会氛围，使全体人民都成为社会主义法治的忠实崇尚者、自觉遵守者、坚定捍卫者，在依法治国的道路上阔步前行，开创我国法治文明、法治信仰的崭新境界，让广大人民群众在法治光辉的温暖中更有尊严，更加幸福。

泳达先生将自己即将出版的这部著作取名为《韩非的智慧》，显而易见其良苦用心。学习历史，以史明心，在“过去”的故事里吸取教训，滋养人生，文本给了人们一个适合理解古今的场合，这个“场合”，就是一条道路，一条通俗易懂，可以观察别人，也可以看到自己的道路。我相信，《韩非的智慧》的出版，一定会带给读者一种全新的认知，字里行间闪耀着人类文明永不褪色的光辉。

是为序。

2019年1月于寿城贺州

（作者系贺州市人民政府副秘书长）

目录

CONTENTS

001 / 第 一 讲 韩非其人
004 / 第 二 讲 夫火形严，故人鲜灼
015 / 第 三 讲 虎豹失其爪牙，人必制之
032 / 第 四 讲 贤智之士不用，人主之塞
049 / 第 五 讲 乘威严之势，以困奸邪之臣
065 / 第 六 讲 比周而愚其君
079 / 第 七 讲 民尊爵而重禄
089 / 第 八 讲 愚者难说也
105 / 第 九 讲 群臣见素，则大君不蔽矣
121 / 第 十 讲 有君如彼其信也，可无从乎
136 / 第十一讲 明主，其务在周密
151 / 第十二讲 与其用一人，不如用一国
157 / 第十三讲 为其后可复者也
173 / 第十四讲 道者，万物之所然也
184 / 参考文献
185 / 后记

第一讲　韩非其人

韩非出生于公元前281年（享年四十八岁），他是战国后期法家的代表人物之一，出身于韩国贵族。他是荀子的学生，学习刻苦用功，成绩优秀，荀子很欣赏他，连同在荀子门下念书的李斯也自叹不如。

韩非有一个生理缺陷，说话结巴，口齿不是很顺畅。而同学李斯则口齿伶俐，能说会道。

韩非具有强烈的民族忧患意识，他深为韩国国力衰弱而担忧，多次上书国王，主张改革，但其主张始终未被采纳。在报国热情受到压抑的情况下，韩非没有消沉，他奋笔疾书，写下了十余万字的著作，后人编辑成书，命名为《韩非子》。韩非的著作流传到秦国，当时秦王嬴政，也就是后来的秦始皇，读了韩非的著作之后，大为欣赏。秦王嬴政感慨地说："我要是能见到这文章的作者，跟他交流攀谈，就是死也心甘情愿了。"李斯听了这话，在一旁讨好地说："此书的作者是我的同学，他叫韩非，是韩国的公子。现在他就在韩国闲居呢。"秦王嬴政一听，兴奋地说："真的吗？传我的命令，马上发兵攻打韩国，攻下韩国，我就能见到韩非了。"秦王嬴政以攻打韩国相威胁，迫使韩王让韩非以韩国求和使者的身份到了秦国，秦王嬴政大喜过望，把韩非扣留在秦国，每天与他谈论治国方略。韩非的治国理念打动了秦王嬴政，秦王嬴政感到相见恨晚，准备拜韩非做客卿。

李斯一直在讨好秦王嬴政，企图坐上秦国的相位，治国奇才韩非的到来，让李斯感觉到了压力，觉得相位有可能旁落于韩非。于是李斯伙同姚贾在秦王政面前诬陷韩非，说韩非是韩国公子，不会为秦国效力——不像他李斯，虽然也是外国人，但毕竟不是公子呀。宗亲血脉，打断骨头连着筋，秦国有朝一日要灭韩，韩非终究会有二心的。

秦王嬴政轻信了李斯的谗言，找了个借口把韩非关进大狱。李斯正好是负责刑狱的官员，他故意截留韩非的信件，使韩非的申诉状递不到秦王政手中，秦王嬴政听到的汇报都是韩非回国心切，辱骂秦王嬴政。嬴政失去了理智，默许李斯处死韩非。

李斯迫不及待地给韩非送来一杯毒酒，看到李斯阴险的脸色，韩非全明白了。他知道自己已身陷囹圄，求助无门，冷笑了一声，端起酒杯一饮而尽。临终前他对李斯说："世事有道，命运无常；乍死乍生，一存一亡。请你好自为之吧，不要落得同我一般下场。"

韩非刚咽气，秦王嬴政的使者就赶到了。原来秦王嬴政感觉李斯动机不纯，派人前来阻止处死韩非。可惜晚了一步，韩非喝下毒酒后含冤而死。

韩非的著作受到国家领导人的青睐，以为你《韩非子》是一部论述帝王理政之术的著作。韩非在《韩非子》这部著作里，深刻地讲述了治国的方法，阐述了治国的大道理。

当一个国家的政权建立之后，要使江山稳固，关键是确定一套统治国家的方法，这套方法叫统治术。

韩非认为，统治术主要有十四项，第一项是治国理政制度，治国理政制度的选择至关重要，选择得当，国家政权稳定。选择不当，道路曲折艰险，甚至危机四伏。

治国理政制度决定着一个国家未来的命运。治国理政制度有很多种选择，其中有以德治国、无为而治、以人治国、依法治国、综合治理等。选择什么治国理政制度，这是统治术的首要之术。

国家层面的管理与地方管理是相似的，帝王治国理政术同样适用于地方。

第二讲　夫火形严，故人鲜灼

“夫火形严，故人鲜灼”是韩非的名言。意思是法制像火一样猛烈，人们就不敢靠近烈火。韩非用火来比喻法制。

韩非在《用人》中说：“释法术而心治，尧不能正一国；去规矩而妄意度，奚仲不能成一轮；废尺寸而差短长，王尔不能半中。”“尧”是古代的帝王，“奚仲”是古代的工匠，“王尔”是古代的木匠。这段话的意思是放弃法律而凭主观意志来治理国家，尧这样伟大的帝王也不能治理好国家；去掉规矩而凭个人技巧来制造车子，奚仲这样的造车大师也不能做成一个轮子；废除度量标准而凭眼力来估计尺寸，王尔这样的木匠也难于推测长短。

韩非这段话意在说明依法治国的重要性和必要性。

治国理政制度不是唯一的，那么哪种治国理政制度有利呢？来看看各种治国理政制度的特点。

以德治国的主要特点是：政策比较温和，强调以礼服人，以礼服众。以提高国民道德水平、培养文明风尚为出发点，实现人与人之间和谐相处。缺点是：与法制建设相对立，对违法犯罪行为采取宽容的态度。孔子主张以德治国，他提倡像尧、舜那样爱民、亲民、为民、利民。

无为而治的主要特点是：不制定和颁布指导性政策，让国民自己管理自己，顺其自然。缺点是：放任自流，让所有事物自生自灭。老子主张无为而治，他说人类社会最好回到原始社会，没有国王，各家各户自己管理自己。

依法治国的主要特点是：国家的最高权威是法律，一切国家事务都按照法律规定的程序办理。缺点是：与道德建设相对立，互不相融。管仲、商鞅、韩非主张依法治国，提倡对违法犯罪行为，始终保持高压态势，绝不留情。

以人治国的主要特点是以君王的个人意志来管理国家，君王喜欢什么就发展什么，君王讨厌什么就压制什么。缺点：社会出了问题，先由君王下圣旨，然后由下级按君王的意思去处理问题。君王不下圣旨，下面不知怎么办，也不敢办。如果遇到昏君，国家就遭殃。韩非指出了以人治国的弊端，韩非说：放弃法制，而依靠个人智慧来治理国家，很容易导致工作失误（《饰邪》）。

韩非主张依法治国。韩非在《饰邪》一篇中指出："夫悬衡而知平，设规而知圆，万全之道也。"这句话的意思是说：利用秤杆就能知道是否公正，使用圆规就可以知道是否成方圆，这是万全之道。韩非用秤杆和圆规比喻法律，所以他认为依法治国是最好的治国方法。

韩非在《守道》一篇中指出："服虎而不以柙，禁奸而不以法，塞伪而不以符，此贲、育之所患，尧、舜之所难也。"韩非用"老虎"比喻犯罪分子，这段话的意思是说：制服老虎不用笼子，禁止奸邪不用法律，杜绝欺诈不用信誉，就像孟贲、夏育（两人均为秦武王时的壮士）这样的勇士也心有余而力不足，像尧、舜这样的圣人也感到为难。

韩非在这段论述中进一步强调，治理国家最有效的办法是依法治国。韩非认为，一个国家没有监狱，没有法律，勇士和圣人都无法治理。

春秋战国时期，一些国家的权力集中于一个或少数几个人的身上。其实就是实行人治，将国家的兴衰存亡完全系于君主一人身上，假如出现桀、纣那样的暴君，天下势必处在无休止的混乱之中。实行人治则"千世乱而一治"，实行法治则"千世治而一乱”。即使如尧、舜那样的圣君贤人，也不可能只依靠个人品格、智慧、才能，就能把国家治理好，就如同能工巧匠在工作时也离不开规矩、绳墨一样，圣君贤人也要依靠法律去治理天下。在人治的国家中，“释法制而妄怒，虽杀戮而奸人不恐”。在法治的国家中，虽无圣人却“有赏罚而无喜怒”“有刑法而无螫罪”。因此，法家认为依法治国比以人治国更有利于国家的长久稳定，比以人治国更为客观公正。

韩非在《扬榷》中说：“主施其法，大虎将怯；主施其刑，大虎自宁。法刑苟信，虎化为人，复反其真。”在这段话里韩非把大奸臣、罪大恶极的人比喻为“大老虎”。这段话的意思是：君主依法治国，“大老虎”就会害怕；将其绳之以法，“大老虎”自然就会老实。有法必依，违法必究，“老虎”才会走正道，恢复人性。

韩非认为，对穷凶极恶的“老虎”，要严惩不贷，决不能心慈手软。作为当权者应该带头奉公守法，这是国家长治久安的根本。

战国时期，赵国有位名将叫赵奢。之前，赵奢曾是一名负责为国家征收田租的税吏。当时的赵国，有一位大贵族叫平原君，是赵国国君的弟弟。平原君的手下仗着权势，拒绝依法缴纳租税。对此，赵奢并没有因为平原君身份高贵而不闻不问，而是严查彻办，依法处决了平原君手下九名阻挠税收的家臣。这件事惹怒了平原君。赵奢对平原君说：“您作为赵国的贵公子，如果不带头奉公守法，那么底下人就有借口跟着破坏法制。这样一来，这个国家就没有纲纪法度了，没有了纲纪法度，赵国的国力就会遭到削弱，赵国衰弱之后就会被诸侯吞并。如果赵国被吞并了，您平原君还能保持贵族身份吗？还能这么富有吗？”赵奢的陈述旗帜鲜明，直入要害。依法治国，依法纳税，是国家长治久安之道。唯有国家长治久安，才能保障平民和贵族们的长远利益。赵奢这番话讲得的确非常有道理，深深打动了平原君。平原君转怒为喜，随后向赵国国君推荐提拔赵奢。于是赵奢被任命为管理赵国财政的大臣。

平原君是赵国的贵族，同时也是朝廷的大官，如果像平原君这样的当权者，不拥护赵奢依法惩处抗税的犯罪行为，反而支持家臣抗拒国家赋税，充当恶势力的保护伞，以特权破坏法制，那么就会危及赵国的江山社稷。

韩非在《内储说上七术》中指出："夫火形严，故人鲜灼；水形懦，人多溺。子必严子之形，无令溺子之懦。"

这一段论述，韩非将依法治国与以德治国作了比较，他认为法治像火一样有威严，能让人产生畏惧心理，从而减少犯罪。而德治温柔得像水一样，不能让人产生畏惧心理，助长了犯罪。所以必须树立法律的威严，才能使更多的人避免被水淹死。

可见韩非极力主张依法治国。他认为法律像火一样具有杀伤力，所以才能制止犯罪，才能促进国泰民安。

韩非在《难势》中再一次指出："夫弃隐栝之法，去度量之数，使奚仲为车，不能成一轮。无庆赏之劝、刑罚之威，释势委法，尧、舜户说而人辨之，不能治三家。"这段话的意思是：没有矫正的器具，让奚仲这样的能工巧匠造车，一个轮子也做不成。没有法律制约，让尧、舜这样的圣人挨家挨户去说理，就是三户人家也难管。也就是说，没有法律约束，靠讲道理是很难管理一个国家的。韩非这段话又一次强调依法治国的重要性和必要性。

韩非认为，依法治国是约束人们行为的举措。法律不袒护权贵，墨线不屈从歪木。法律所制裁的，再狡诈的人也无法逃避，再威猛的人也无法抗拒。法律不放过大臣，奖赏不遗漏百姓。所以依法治国能纠正上层的过错，惩戒下层的奸邪；能治理混乱、解决纠纷，去除贪欲、辨明是非，统一民众的行为，没有任何治国方法能比得上依法治国。

依法治国为民解除苦难，避免天下的祸患，使弱者不受强者欺凌，孤寡者不受人多者欺负，年老者尽享天年，年幼者健康成长，边境安宁，君臣团结，父子和睦，没有战死和被俘的灾祸，功德圆满至极。

君主背离法制，就会失去人民的拥护，像伯夷这样正直的人也会变坏，像田成这样贪婪的人就会猖獗，所以要坚持依法治国。人们遵规守法，安分守己，就算把金子放在夏羿的箭上发射出去，盗跖也不会去抢夺。严明的法制，不放过一个坏人，不冤枉一个好人，那么历史就不会出现宰予、伍子胥、夫差这样的人物，国家也没必要训练军队和研究兵法。

君主不能单靠比干那样少数的忠臣，也不能抱着不会出现乱臣欺诈的侥幸心理，应该依靠制服老虎的铁笼子，也就是依靠法制治理国家。处在现在这个时代，为治理国家出谋划策，为天下造福，没有哪种方法比得上依法治国了。

郑国丞相子产临终前，告诫游吉："我死后，先生必成为郑国丞相，你一定要严肃法规来治理国家。火很猛烈，所以人很少被烧伤；水很柔和，所以人多被淹死。先生要依法治国，不要让人因为您的宽容而被淹死。"

子产死后，游吉不听子产的忠告，放松法治，导致强盗横行。强盗盘踞在荒野之中，为非作歹，侵害民众。游吉很后悔不听子产的劝告，他感叹道："如果听从子产的教导，就不会产生今天强盗肆逆的严重局面。"

商朝的法律规定，把垃圾倒在街道上，处以刑罚。据说要把乱倒垃圾的人的手砍断。子贡对孔子说："丢弃垃圾是轻罪，处以断手的重刑，古代人未必这样残忍吧？"孔子说："这是杀一儆百的治理手段，乱把垃圾倒在街上，车马经过必然会尘土飞扬，污染到附近的人，被尘土侵害的人就会生气，就有可能产生争吵，甚至打架斗殴。乱倒垃圾事虽不大，但会引发打架斗殴这种扰乱社会治安的刑事案件，加重处罚可以起到预防犯罪的作用。"

孔子说得很有道理，其实很多刑事犯罪都由不讲道德的行为引发，不从严治理，必然会造成严重后果。

使人不犯小罪，更不敢犯大罪，这是依法治国的目的。小的过错得到预防，大的罪恶就不容易发生，这是法制建设所追求的理想成效。

依法治国很有必要，古代社会一些人的不轨行为仅凭思想道德教育收效不大，必须实行法治。

齐国乱砍滥伐森林的行为相当严重，原因是齐国人喜欢用名贵的木材为死人做棺椁，而且互相攀比，一个棺椁做得比一个棺椁豪华，大量砍伐木材，造成边防用于修筑工事的木材匮乏，为此国君齐桓公非常忧虑。光靠劝阻，无法制止乱砍滥伐的行为。于是丞相管仲采取依法治理的办法，他颁布了一项新法：棺椁超过规定厚度的，由执法人员开棺斩尸，并对参与奢侈葬礼的人给予处罚。

采取了依法严惩的措施后，齐国乱砍滥伐的行为得到制止。当行为超过界限，宣传教育又无法纠正的时候，施之以法是有效治理手段。

卫国有个囚犯，在服劳役时趁机逃跑了。这个囚犯懂得医术，他逃到魏国，正巧魏国国君魏襄王的一个后妃病重，悬赏寻医，这个囚犯凭着一技之长，治好了魏襄王后妃的病，于是受到魏襄王厚待。

卫国国君卫嗣君听说逃犯在魏国，就派人用五十金作为交换条件，请求魏襄王将逃犯移交回卫国。但使者去了五次，魏襄王都不答应将逃犯移交给卫国。

卫嗣君决定用一座城池作为交换条件，要求魏襄王交还逃犯。群臣不解，纷纷劝谏卫嗣君：付出一座城池的代价，去要回一个逃犯，不值得！卫嗣君说："这深刻的道理你们是无法理解的，放走一个囚犯，就等于纵容很多人去犯罪。放松法治，罪恶就会泛滥成灾，到那时，十座城池都难以保住。"

魏襄王听说卫嗣君依法治国的决心后，深受感动，令人用囚车将逃犯送回卫国，移交给卫国司法部门，并且没有接受卫国的城池。

卫国和魏国两国国君都高度重视依法治国，一座城池换一个囚犯，成了两国领导人重视“依法治国”的有力证明。但并不是说实施依法治国就排斥以德治国，偏废任何一面都是错误的选择。比如说乱倒垃圾行为，这本来是道德问题，如果人人都讲道德，就不会乱倒垃圾了，可见以德治国可以预防乱倒垃圾的行为，然而乱倒垃圾行为也有可能升级为打架斗殴，打架斗殴就是犯罪了。预防了乱倒垃圾的行为，就消除了由此引发的打架斗殴行为，因此以德治国也可以达到预防犯罪的目的。

战国时期，国力最强的七个国家是齐国、楚国、秦国、燕国、赵国、魏国和韩国，这七个国家被称作“战国七雄”。在这七个国家中，有五个国家实行过变法，如齐国的管仲变法、秦国的商鞅变法、楚国的吴起变法、魏国的李悝变法等，所谓变法，就是对国家的法令制度做重大改革，实行依法治国。

秦孝公是战国时期秦国的一位著名君主，他任用商鞅推行变法，使秦国走上了富国强兵之路，为后来秦始皇统一中国奠定了坚实的基础。公元前356年，变法令下达时，商鞅以三丈之木立于南城门，募民将此木搬到北门，响应者给予重奖，以此取信于民。《战国策》记载：“商君治秦，法令至行，公平无私，罚不讳强大，赏不私亲近，法及太子，黥劓其傅。期年之后，道不拾遗，民不妄取，兵革大强，诸侯畏惧。”秦国实行依法治国后，商鞅执法敢于不避权贵，太子触犯新法，因太子是王位继承人，不便受刑，由他的老师公孙贾代其受刑，公孙贾脸上被刻上墨字，太子的师傅公子虔屡教不改被割掉鼻子。商鞅此举，起到了敲山震虎的作用，因此，秦国上下都能奉公守法，使国家迅速强大起来。

实行依法治国使秦国很快强盛起来。但只单一注重法制，而放弃以德治国，虽然国家在短期内能够迅速强大，但不能长治久安。

商鞅烧《诗经》和《尚书》，独尊法制，虽然使秦国强大了，但好景不长。事实也是如此，秦朝不到十五年就灭亡了。

要使国家长治久安，必须坚持依法治国与以德治国相结合。法治并不能完全制止犯罪，楚国法律规定：私自采挖黄金，处以分尸刑。楚国南部丽水出产黄金，虽有禁令，还是有很多盗金者，铤而走险。当局把盗金者抓住，立即在街上分尸示众，但禁而不止，被处罚的盗金者尸体堆积如山，堵塞了丽水河道。

孔子主张以德治国，就是通过对老百姓进行系统的教化，让老百姓人性向善，养成良好的行为习惯，知道做什么事是可耻的，做什么事是高尚的，从道德观念上自觉约束自己的行为，不去做违法犯罪的事。

当然孔子也不反对依法治国，他本人在担任鲁国司寇时，就亲自践行依法治国之道。有一次，鲁国首都郊区发生火灾，眼看就要烧到城里了。国君鲁哀公命令全城民众参与救火，但众人并不救火，而是追逐从火场中逃出来的野兽。鲁哀公问孔子有什么办法，孔子说处罚追逐野兽的人，奖赏救火的人。

鲁哀公说："说得好！"孔子说："情况紧急，请先实行处罚。"鲁哀公说："好！"授权孔子发布处罚令。孔子下达命令说："凡是不参加救火的人，以叛逃罪论处。"命令下达后不久，大火就被扑灭了。孔子现场使用法律处理紧急事件，说明孔子也是依法治国的拥护者。并不像韩非所说，"儒家太仁慈，不敢对违法犯罪宣战。"

治国之道不能走极端，独尊法制或独尊德治都不是正确的选择。魏国国君魏惠王问大臣卜皮："我在百姓中的名声如何？"卜皮说："都说大王仁慈惠爱。"魏惠王高兴地说："这样看来国家大有希望了。"卜皮说："未必，也许不是件好事。"魏惠王惊奇地问："这是为什么？"卜皮说："仁慈的人心软，好施舍。心软就不忍心惩罚有过错的人；好施舍就会随意，无论有功无功都赏赐。这样做国家就会出现危机。”

韩非认为治理国家既要仁慈，又要狠心，对百姓要仁慈，对罪恶要狠心。可见，韩非一方面主张依法治国，另一方面又主张善待百姓。可见韩非也不完全反对以德治国，正如韩非所说，如果能够使天下百姓依照行为标准去约束自己，让人们安居乐业而且乐意做好事，爱惜生命而不为非作歹，使品德不好的人减少，而品德高尚的人增多，那么江山社稷就能够永存，国家就能够长治久安。

韩非还说，制定法律要注意判刑的轻重程度，惩罚太重或惩罚太轻，都会起到相反的作用。科学的量刑，应以通过惩罚能让人改过自新，弃恶从善为度，而且要能服众。依法治国，对违法犯罪行为处罚得当，受罚者心服口服，就不会产生怨恨。

孔子周游列国时，在卫国住了下来。孔子的弟子子皋担任卫国管理监狱的官员，子皋在审理一个案件时，依法量刑，将犯人处以砍脚的刑罚。犯人被砍掉了一只脚，成了残疾人。这个残疾人被安排做了一名看门人。

孔子在卫国住下后，有人诬告孔子作乱，于是卫国国君派人捉拿孔子。孔子和弟子们闻讯逃走，在逃走的过程中，看门人主动为孔子带路，他将孔子藏入鲜为人知的地下室，使孔子逃过一劫。子皋问看门人，我审理你的案子，砍断了你的脚，你不记恨我，还帮助我们逃跑，这是为什么？看门人说，你审理案子时，注重事实，量刑合理。虽然我是一个犯人，你没有用非人的方式对待我，让我保持做人的尊严，你既依法判案，又有仁爱之心，所以我不但不怨恨你，还十分尊敬你，这就是我帮助你们逃走的原因。

孔子评价子皋时说，会做官的人善于布施恩德，不会做官的人培植怨恨。法律是庄严的，执法者是公平公正的度量人，作为一名官员，要使法律能够公平公正的实施。

韩非在《外储说右下》中说：“椎锻者，所以平不夷也；榜檠者，所以矫不直也。圣人之为法也，所以平不夷、矫不直也。”意思是锤子砧石，是用来平整凹凸的工具；榜檠是用来校正弓弩的模具。圣人建立法制，就是为了整治不平、矫正不直的行为。

有一次齐国国君齐景公探望丞相晏婴，走进晏婴的居所，齐景公感叹到："先生住房小，又靠近闹市，请丞相搬到王家园林去住吧。"晏婴拜谢道："我家境不是很宽裕，每天都要到市场购买食物，不可远离市场居住啊。"齐景公笑道："先生既然经常出入市场，说说看，什么物品贵？"晏婴说："犯人临刑前穿的刖鞋贵！"齐景公问："这是什么原因？"晏婴说："被判刖足刑的犯人太多了。"齐景公吃惊地说："难道是我的法制太残暴了吗？"于是下令废除五种刑法。

对此韩非认为，被判刑的人多，不是刑罚过多的原因，而是量刑准不准确的问题。刑罚不在于多少，在于公不公正。所以建立法律制度的同时，还要建立一支公正的执法队伍。

堂谿公对韩非说："遵循礼制、谦让恭敬，是善待人生之良策，修养品德、低调做人是明智之良方。先生主张依法治国，设置各种规矩，我认为这样做会给自身带来危险。我听说楚国任用吴起实行变法，秦国任用商鞅实行变法，国家确实是富强了，然而吴起被肢解身体，商鞅被五马分尸，这虽然是遇到昏君导致的祸害，但祸害是不可避免的，如果冒险去推行依法治国，我个人认为还是不要冒这个险为好。"韩非说："推行依法治国的确很不容易，但我认为建立法律制度，是对民众有利益的做法，我不怕昏君给我带来的迫害，坚决维护民众的利益，我不会采取贪生怕死的态度，去违背人民的意愿，我感谢先生的好意，然而这种好意却刺痛了我的心，伤害了我。"

为了推行法制，韩非将生死置之度外，他这种大无畏的精神，是每个执法者应该具备的素质。如果千千万万个执法者都有韩非这种雄心壮志，那么依法治国道路上所遇到的阻力就微不足道。

韩非依法治国的主张无疑是正确的，但他的观念带有片面性。

如果他能够推行依法治国与以德治国相结合的治国之道，那么这种治国理政的观点就比较完美了。

韩非自己也承认，实行依法治理的国家，有长命的，也有短命的。秦国就是一个典型，秦国从商鞅变法开始实施依法治国，但寿命很短。而汉朝则是依法治国与以德治国相结合的典范，所以寿命就比较长。

历史证明，依法治国是治理国家的必然选择，但不是保证一个国家长治久安的唯一办法，最佳选择应该是依法治国与以德治国相结合。依法治国可以稳定社会，以德治国可以提高国民素质，减少不稳定因素。

第三讲　虎豹失其爪牙，人必制之

一

“虎、豹失其爪牙，人必制之”是韩非的名言。意思是虎豹失去了锋利的爪牙，就会被人擒拿。

虎豹借指君主，爪牙借指权威。韩非在《人主》一篇中提到：君主统治天下，凭的是威势。所谓威势，就是权威。所谓权威，就是地位、权力。如果作为一国之君，没有权威，软弱无能，国家混乱或灭亡就不可避免。

国君贤能而且有权威，下面的人就会服服帖帖，谁也不敢作乱。国君有权威但不贤能，会把国家搞乱。所以，国君要表现出独特的人格魅力，既要有亲和力，又要让人敬畏。

地位是权威的重要组成部分，没有地位的君主就是有名无实的君主。受到天下人拥护，那么君主才有权威，才有地位。韩非在《功名》中说：“千钧得船则浮，锱铢失船则沉，非千钧轻、锱铢重也，有势之与无势也。故短之临高也以位，不肖之制贤也以势。人主者，天下一力以共载之，故安；众同心以共立之，故尊。”这里韩非用锱铢表示君主，用船表示人民。意思是千钧重的锱铢得到船载就能浮在水面上，没有船载就会沉入水中，浮在水面不是因为锱铢轻，沉入水里也不是因为锱铢重，原因是有船载还是没有船载。短的东西放在高处，就能居高临下，不是因为它长，而是因为它的地位高；奸邪的人能够制服贤人，是因为他有权势。所以君主得到天下人同心协力拥戴，就能安稳；得到民众同心同德维护，就有地位。“圣人德若尧、舜，行若伯夷，而位不载于世，则功不立，名不遂。”君主品德像尧、舜一样高尚，行为像伯夷一样清廉，而在社会上没有地位，那么就不能成就事业。

只有君主的名义，没有地位权威，是治理不好国家的。韩非在《人主》中说：“人主之所以身危国亡者，大臣太贵、左右太威也。所谓贵者，无法而擅行，操国柄而便私者也。所谓威者，擅权势而轻重者也。此二者，不可不察也。夫马之所以能任重引车致远道者，以筋力也。万乘之主、千乘之君所以制天下而征诸侯者，以其威势也。威势者，人主之筋力也。今大臣得威，左右擅势，是人主失力；人主失力而能有国者，千无一人。虎、豹之所以能胜人、执百兽者，以其爪牙也，当使虎、豹失其爪牙，则人必制之矣。今势重者，人主之爪牙也；君人而失其爪牙，虎、豹之类也。”意思是：一国之君之所以亡国，是因为大臣地位太高，权力太大。所谓太贵，就是大臣可以藐视法律而独断专行，操控国政而以权谋私。所谓太威，就是大臣可以凌驾于国君之上而为所欲为。这样的局面，国君不可不高度重视。马之所以能负重而行千里，凭的是力量。一国之君之所以能统治天下，凭的是权威。大臣无法无天，横行霸道，是因为国君没有权威。国君失去权威而仍能统治国家的，一千个国君中没有一个。虎豹之所以能当百兽之王，凭的是尖牙利爪，如果失去尖牙利爪，它就不能成为百兽之王。同样的道理国君必须有权威，失去权威就不能成为一国之主。

在这段论述里，韩非把权威比喻为虎豹的尖牙利爪，君主之所以能统治天下，是因为有权威；就像虎豹一样，之所以能成为百兽之王，是因为有尖牙利爪。君主如果没有权威，就会被别人控制，就有亡国的危险。

春秋战国时期，齐国国君齐简公是个昏庸无能、没有权威的君主，他的大臣可以在王宫中横冲直撞，随意抓人。田常，是齐国田氏家族的头目。他奢靡淫乱，骄横嚣张，仗势欺人，根本不把朝廷放在眼里。

子我是朝廷命官，有一次上晚朝时，正好碰见田氏家族的田逆杀人，子我就将田逆拘捕进宫。为了救出田逆，田氏家族的人就让田逆装病，田氏家族的人以探监为名，送酒给看守，将看守灌醉并杀死，让田逆成功逃出监狱。为了报复子我，田氏家族决定先下手为强。

当时子我住在国君齐简公的宫廷里。田常兄弟四人乘车前往齐简公住处，想杀死子我。田氏兄弟进入宫内，就将宫门关闭。宦官抵抗田氏兄弟，田逆杀死宦官。当时国君齐简公正与宠妃在檀台饮酒作乐，田常将他赶到寝宫软禁起来。田常在宫廷中四处搜查子我，最终将子我杀死。

齐简公根本无法制止田氏家族的暴行，只得逃跑。田常在徐州将齐简公抓住。齐简公说："我若早听御鞅之言，便不会落到这种地步。"田成将齐简公残忍杀害。

御鞅是齐国大夫，他曾经劝诫齐简公注意防范田常。齐简公不重视御鞅的提醒，导致今天的后果。

齐简公被杀害后，田常拥立齐简公之弟吕骜继位，是为齐平公。齐平公继位后，田常自然就做了丞相。

田常对新任国君齐平公说："施行恩德是人们所希望的，由您来施行；惩罚是人们所厌恶的，请让臣去执行。"过了五年，齐国的政权完全控制在田常手中。于是田常把鲍氏、晏氏、监止和公族中较强盛的全部诛杀，并分割齐国从安平以东到琅邪的土地，作为自己的封地。他的封地甚至比齐平公享有的领地还要大。

田常姬妾成群，他偏好高挑的女人，专门在民间挑选身高七尺以上的齐国女子做姬妾，姬妾达一百多人，并且让宾客侍从随便出入后宫，不加禁止。到田常去世时，姬妾为他生下七十多个儿子。

田常这只"大老虎"目无王法，本该依法严惩，但因为其势力太大，齐简公没有威信，无法形成合力对付恶势力，最后发展到让田氏家族有恃无恐，弑君窃国。作为一国之君，连一个大臣都制服不了，他怎么能控制住一个国家呢？所以权威是稳固地位必不可少的尚方宝剑。

来看看楚庄王是怎么树立权威，控制臣下的。

楚庄王又称荆庄王，春秋时期楚国国君，公元前613年至公元前591年在位，春秋五霸之一，称霸中原，威名远扬。

《左氏春秋·宣公十二年》记载："楚庄王曰：夫文，止戈为武；又曰：夫武，禁暴戢兵保大定功，安民和财者也。"楚庄王是中华尚武第一人。

春秋末期，孔子曾到访楚国，称楚庄王的政治思想与儒家的"仁"的思想相符。在楚庄王之前，楚国一直被排除在华夏文化之外。自楚庄王始，楚国迅速崛起，为华夏文化的传播和民族精神的形成，发挥了巨大作用。

公元前611年，楚国发生大饥荒。巴国东部的山戎族趁机袭扰楚国西南边境，一直打到阜山（今天的湖北房县一带）。楚国人组织防御，派军队在大林一带布防。东方的夷、越之族也趁机作乱，派兵入侵楚国的东南边境，攻占了阳丘，直接威胁訾枝（今天湖北钟祥一带）。一直臣服于楚国的庸国也发动各蛮族部落造反，而前不久才被楚国征服的麇国人也带领各夷族部落在选地集结，准备进攻郢都。短短三年间，各地的告急文书雪片般飞往郢都，楚国各城各地都开始戒严，空气中弥漫着一种紧张的气氛。天灾人祸逼得楚国几陷崩溃。而那位少不经事的楚庄王，却一如既往地躲在深宫之中，整日打猎喝酒，不理政务，朝中之事交由成嘉、斗般、斗椒等若敖氏一族代理。楚庄王还在宫门口挂起块大牌子，上边写着："进谏者，杀毋赦！"诸大夫心急如焚。

一日，大夫伍举进见庄王。楚庄王手中端着酒杯，口中嚼着鹿肉，醉醺醺地在观赏歌舞。他眯着眼睛问道："大夫来此，是想喝酒呢，还是要看歌舞？"伍举话中有话地说："有人让我猜一个谜语，我怎么也猜不出，特此来向您请教。”楚庄王一面喝酒，一边问：“什么谜语，这么难猜？你说说。”伍举说：“谜语是‘楚京有大鸟，栖上在朝堂，历时三年整，不鸣亦不翔。令人好难解，到底为哪桩’。请大王猜猜，不鸣也不翔。这究竟是只什么鸟？”楚庄王听了，心中明白伍举的意思，笑着说：“我猜着了。它可不是只普通的鸟。这只鸟啊，三年不飞，一飞冲天；三年不鸣，一鸣惊人。你等着瞧吧。”伍举明白了楚庄王的意思，便高兴地退了出来。

过了几个月，楚庄王依然故我，既不“鸣”，也不“飞”，照旧打猎，饮酒作乐。大夫苏从忍受不住了，便来见楚庄王。他才进宫门，便大哭起来。楚庄王说：“先生，为什么事这么伤心啊？”苏从回答道：“我为自己就要死了伤心，还为楚国即将灭亡伤心。”楚庄王很吃惊，便问：“你怎么能死呢？楚国又怎么能灭亡呢？”苏从说：“我想劝告您，您听不进去，肯定要杀死我。您整天观赏歌舞，游玩打猎，不管朝政，楚国的灭亡不是来日不远了吗？”楚庄王听完大怒，斥责苏从：“你是想死吗？我早已说过，谁来劝谏，我便杀死谁。如今你明知故犯，真是愚蠢。”苏从十分痛切地说：“我是傻，可您比我还傻。倘若您将我杀了，我死后将得到忠臣的美名；您若是再这样下去，楚国必亡。您就当了亡国之君。您不是比我还傻吗？言已至此，您要杀便杀吧。”楚庄王忽然站起来，动情地说：“大夫的话都是忠言，我必定照你说的办。”随即，他便传令解散了乐队，打发了舞女，决心要大干一番事业。

楚庄王终于真心实意接受伍举、苏从等人的建议，远离酒色，亲自处理朝政，霸业自此开启。

楚庄王亲政的当务之急就是攻伐反叛的庸国。公元前611年，楚庄王撇开令尹斗般，乘坐战车到抗击庸国的前线，与前方军队会师，亲自指挥战斗，他将楚军分为两队：子越从石溪出兵；子贝从仞地出兵，并联络秦国、巴国及蛮族部落合攻敌人。楚王督战，将士们备受鼓舞，猛攻庸国。不久，庸国不支，宣告灭亡，楚庄王取得了亲政以来的第一场胜仗。

楚庄王平乱、灭庸后，统治趋于稳定，产生北伐图霸之志。据史料记载，公元前605年，楚庄王率领楚军北上，把主力大军开至东周洛阳南郊，并举行盛大的阅兵仪式。当年即位不久的周定王闻讯忐忑不安，派巧言善变的王孙满去慰劳楚国大军。楚庄王接见王孙满，二人谈论天下大势，楚庄王一时兴起，向王孙满问道："周天子的鼎有多大？有多重？"言外之意，要与周天子比权量力，挑战周王室的权威，欲完成祖先"窥中国之政"的夙愿，其勃勃雄心昭然若揭。

楚庄王现兵周疆、问鼎轻重，标志着楚国已进入空前强盛时代。

就在楚庄王霸业初见成效之际，楚国的若敖氏家族发生动乱。当时斗般为令尹，斗越椒为司马，蒍贾为工正。斗越椒与蒍贾都对斗般不满而勾结在一起。蒍贾诬陷斗般，斗越椒为夺得令尹之位，与蒍贾同谋。蒍贾杀死斗般后，斗越椒又与蒍贾不睦。

斗越椒攻打蒍氏，将蒍贾囚禁杀害，驱除蒍氏，并驻兵蒸野。楚庄王北伐大军凯旋，听闻斗越椒发动军变，有些心慌，派人去打探，得知若敖氏叛军势大。楚庄王以楚国三王（文王、成王、穆王）之子为人质作为与斗越椒和谈的条件，以此作为缓兵之计。斗越椒断然拒绝楚庄王的和谈条件。

楚庄王只能一战，楚庄王带兵与斗越椒的若敖氏家族亲兵在皋浒决战。斗越椒自小在军营中长大，英勇善战，带领叛军猛攻楚王军，斗越椒向楚庄王连射几箭都差之毫厘，叛军威势大振，楚王军士卒看到斗越椒如此骁勇，开始胆怯。

危急时刻，楚庄王击鼓，下令反攻，养由基拉弓搭箭，射死斗越椒，若敖氏叛军失去领袖后，瞬间树倒猢狲散，军阵大乱。楚庄王趁势反扑，叛军兵败如山倒。楚庄王乘胜追击，掩杀若敖氏。

自幼饱受若敖氏家族欺凌与压制的楚庄王开始清除异党，罢免朝中斗氏与成氏二族多数亲信，牵连甚广。斗越椒之子苗贲皇在父亲被杀后逃亡晋国。

若敖氏曾在楚国国基框架构建的过程中出将入相，立下不世之功，垄断甚至世袭令尹一职，更使得若敖氏家族长期权倾朝野。

楚庄王剿灭若敖氏后，欲将朝中的军政大权完全集中于自己手中。为了防止楚国其他的家族成为下一个若敖氏，楚庄王在选择令尹一职上颇费工夫。

斗越椒的强悍成为若敖氏家族灭亡的导火索，但若斗越椒不是被一箭射死，这场政变不可能如此轻易地一战而定胜负。为防止危机的再度降临，手腕强硬的楚庄王欲物色一位俯首帖耳，循规蹈矩的人当令尹。

经过反复酝酿，楚庄王选择了虞邱子为令尹。虞氏在楚国并非强族，无权无势，要想立足，就必须唯楚庄王马首是瞻。虞邱子当然也明白自己的作用，他更不可能有多少非分之想。从此令尹失去了凌驾于国君之上的权威，楚国的权威完全集中在楚庄王手上。

正如韩非所说："凭王良、造父驾驶马车的技巧，共掌缰绳驾驭同一辆马车，必然无法让马车正常行驶，君主怎么能与臣下共同掌握权柄来治理国家呢？"（《外储说右下》）所谓一山不容二虎就是这个道理。楚庄王选择势力相对弱小的虞邱子为令尹就是基于这样的考虑。

在楚庄王的铁腕强势治理下，政权日趋稳定。于是楚庄王与时俱进，更换令尹，任用孙叔敖为令尹，辅佐朝政。孙叔敖辅佐楚庄王施教导民，主张"施教于民""布政以道"。孙叔敖重视民生经济，制定、实施有关政策法令，尽力使农、工、贾各得其便。宽刑缓政，发展经济，政绩赫然。主持兴修芍陂（今安丰塘），改善农业生产条件，增强国力。

楚庄王依靠名将养由基平定叛乱之后，大宴群臣，宠姬嫔妃也出席助兴。席间丝竹声响，轻歌曼舞，美酒佳肴，觥筹交错，直到黄昏仍未尽兴。楚庄王乃命令点烛夜宴，还特别叫最宠爱的两位美人许姬和麦姬轮流向文臣武将们敬酒。忽然一阵疾风吹过，筵席上的蜡烛全都被吹灭。这时一位官员趁着酒意，拉住许姬的手。许姬反抗，拉扯中，许姬撕断衣袖得以挣脱，并顺势扯下那位官员帽子上的缨带。许姬回到楚庄王面前告状，让楚王点亮蜡烛后查看众人的帽缨，以便找出刚才无礼之人。楚庄王听完，却传令不要点燃蜡烛，而是大声说："寡人今日设宴，与诸位务要尽欢而散。现请诸位都去掉帽缨，以便更加尽兴饮酒。"听楚庄王这样说，大家都把帽缨取下，这才点上蜡烛，君臣尽兴而散。席散回宫，许姬埋怨楚庄王不给她出气，楚庄王说："此次君臣宴饮，旨在狂欢尽兴，融洽君臣关系。酒后失态乃人之常情，若要究其责任，加以责罚，岂不大煞风景？"许姬这才明白楚庄王的用意。这就是历史上著名的"绝缨之宴"。自己心爱的女人被人调戏，却放过非礼者，可见楚庄王的肚量何其之大。

过了三年，楚国和晋国交战，有位大臣总是在前面冲锋陷阵，五度交锋五度奋勇作战，带头击退敌人，最后终于获得胜利。楚庄王讶异地问他说："我的德行浅薄，又不曾特别优待你，你为什么毫不犹豫地为国出生入死到这样的地步呢？"那大臣回答说："我本就该死。从前喝醉而失去礼节，君王您恻隐而不诛杀我。我始终想找机会报答君王您的恩情，我就是那天晚上帽缨被扯断的人啊。"

韩非在《大体》中说："上不天则下不遍覆，心不地则物不毕载。"意思是：没有辽阔的天空就没有广袤的大地，没有广袤的大地就没有万物生长得空间。楚庄王的胸怀就像广袤的大地和浩瀚的江海一样，博大而宽容，在众臣面前，毫不犹豫地原谅了那个对自己爱姬非礼的大臣，体现了其超人的忍耐力和魄力，同时也激发了臣下誓死效忠的决心。

韩非在《扬榷》中说："毋弛而弓，一栖两雄，其斗□颜□颜豺狼在牢，其羊不繁。一家二贵，事乃无功。夫妻持政，子无适从。" 意思是，不要放任两只雄鸟栖息在一棵树上。一树双雄会斗得你死我活。羊圈里有豺狼就无法繁衍。一家两个人说了算，就无法兴家。夫妻共同执掌家政，儿女就不知道听从谁。

韩非说得有道理，一树不能栖两雄，一山不能容二虎，如果大臣与国君平起平坐，那么大臣的权威就会发酵，当其权威超越国君时，就有篡权的危险。

楚庄王能够在朝廷中站稳脚跟，紧握大权，控制朝政，是因为他意识到了权威的极端重要性。之前他虽然占着一国之君的名分，但有名无实，国家大权实际操控在若敖氏家族手中。楚庄王醒悟过来之后，果断清除权臣，夺回控制国家的权利，消除了危机江山社稷的安全隐患。作为一国之君，没有权威，没有地位，是很危险的，正如韩非所说："虎豹失其爪牙，人必制之。"

鲁襄公是孔子同时代的鲁国国君，虽然在位三十二年，但亲政的机会很少，他在任的时候国家内忧外患，政权掌握在大臣手中，为求亲政，他与权臣展开了殊死搏斗，结果却被赶出国门，八年来始终未能再回国，最后死在异国他乡。鲁襄公之所以客死他乡，就是因为没有权威，权力掌握在一小撮大臣手里。鲁襄公没有嫡子，只有两位庶出的王子，都是鲁襄公的妾所生。子野是其中一位王子，他很有孝心，在为父亲鲁襄公守丧的时候因为悲伤过度而死，于是由另一个王子姬野继承王位。姬野是个没有德性的王子，在父亲出殡的时候没有一点悲伤，十九岁了还不懂人情世故，在殡葬仪式上与别人嬉笑打闹，孝服脏了又换，换了又脏，更换了三次。

姬野能不能继承王位？他的德性引起了一些大臣的议论，大臣穆叔说，姬野为父亲服丧不仅不哭反而面露喜色，这样的人怎么能当国君呢？如果硬要立他，将来必定是祸患。这话说得在理，可权臣季氏独断专行，硬要立姬野为国君。季氏立姬野为国君是有阴谋的，因为姬野窝囊不懂事，只要姬野当国君，季氏就可以控制姬野，把国家大权攥在自己手里。

事态果然不出大臣穆叔所料，姬野当上国君后，碌碌无为，昏庸无能，没有任何权威，大权完全掌握在权臣季氏手中，姬野这个国君成了摆设。

姬野，历史上称为鲁昭公，随着年龄的增大，姬野才慢慢清醒，意识到自己名为国君，却有职无权。季氏，也就是季平子，季平子共三兄弟，分别是季氏、孟氏、叔孙氏三兄弟，史称“三桓”，他们把控鲁国朝政，姬野想除掉“三桓”，把国家大权要回来，但“三桓”擅权已根深蒂固，想要回权力困难重重。

季平子三兄弟，长期控制鲁国大权，无所不为。鲁国规定，朝廷歌舞团编制是六十六人，每次出场跳舞的演员是六十四人，二人作为机动演员；大夫私家歌舞团每次出场的演员只能是六人。鲁国在祭祀或搞活动的时候要跳舞，这种舞叫“万舞”，阵容是纵横八人的方队，每次八八六十四人出场。一次，姬野搞祭祀活动，让歌舞团演员跳舞，结果只来了两个演员，姬野一打听，因为季平子新盖庄园，跳万舞的演员全到季平子那里捧场去了，姬野十分气愤。

孔子也很气愤，孔子说：“八佾舞于庭，是可忍，孰不可忍也。”姬野决心废黜“三桓”，他秘密咨询大臣懿伯，懿伯说，这可使不得，国君丢掉民众很久了，想要免去“三桓”的职务难度很大。再说，政权在人家手里已经好久了，如果废黜“三桓”的计划失败，国君就会有危险。姬野生气地说，“得了，你回去吧。”不过懿伯深谋远虑，他说，“我不能回去，事情如果泄漏，我要承担责任，我不能帮助君主，但我能保守秘密。”于是他寸步不离宫廷。

姬野无计可施，只能使用下策，他联系了几个跟季氏有仇的人，想利用他们除掉季氏。跟季氏有仇的人一个叫郈昭伯，这个人与季氏同朝为官又是邻居，两人都喜欢斗鸡。一次，季氏给鸡身上涂上芥末用以迷惑对方斗鸡的眼睛，郈昭伯则给斗鸡安上铁爪，结果季氏败北，季氏大怒，带人占领了郈昭伯的住房，郈昭伯因此与季氏结怨。另一个跟季氏有仇的人叫臧昭伯，臧昭伯是鲁国大夫，臧昭伯的堂弟臧会因污蔑臧昭伯而在季氏家躲避，臧昭伯迁怒于季氏，抓了季氏的家臣，季氏大怒，也抓了臧昭伯的家臣，臧昭伯因此与季氏结怨。再一个跟季氏有仇的人叫季公亥，族人季公鸟死后，其妻季姒与厨子私通，被管家发现，季姒害怕起来，于是用苦肉计，让婢女打伤自己，然后跑到别人家里诬陷管家要挟自己与之私通，季氏以族头的身份出面处理此事，决定处死管家。季公亥为管家求情说，杀他等于杀我，请族头手下留情。但季氏没给面子，杀了管家，所以季公亥也与季平子有怨。

姬野与季公亥商量派军队攻打季氏庄园，得到昭伯坚决支持，并且劝姬野立即行动。姬野没有军队，因为季氏早已把国家军队一分为三，季氏、孟氏、叔孙氏各领一军。姬野只好带领自己的卫队及与季氏有仇人家的家丁杀向季氏庄园，大败季氏军队，杀了季氏的弟弟，占领了季氏庄园。

季氏毫无防备，被吓蒙了，急忙与姬野谈判，季氏对姬野说，君王没说我犯了什么罪就讨伐我，我不服，我要求朝廷给我一个讨伐我的理由，或者让我辞职出国避难。姬野非常痛恨季氏，季氏再三请求，姬野就是不同意。懿伯急了，劝姬野赶紧答应。昭伯则坚持杀了季氏。

季氏另外两个兄弟孟氏和叔孙氏听说季氏有难，就聚在一起商量对策，他们认为没有季氏便没有孟氏和叔孙氏，于是孟氏和叔孙氏两家发兵救援季氏，打败了姬野的卫队。姬野逃亡国外。

姬野在外逃亡八年，他辗转于晋国、齐国之间，受尽了颠沛和屈辱，没有一个国家愿意帮他复国，其间晋国、齐国准备帮他，可是在季氏的挑拨贿赂下，始终未能如愿，只有宋国国君宋元公愿意出兵，因为宋元公与季公亥有姻亲，不幸的是宋元公突然死了。最终姬野在晋国忧愤而死。

韩非在《亡征》中说："怯慑而弱守，蚤见而心柔懦，知有谓可，断而弗敢行者，可亡也。"意思是：胆小怕事，软弱无能，没有主见；发现问题不敢处置，有了决策又不敢实施，国家就会有危难。

作为一个国君，既没有政权又没有军权，国家的大小政务都要看大夫的脸色行事，其权威还不如大臣，国君不像国君，这样的格局，怎能治理得好一个国家。所以韩非说，臣下权势太重的后果，是君主被大臣控制。有了控制君主的大臣，那么君主的命令就不能贯彻下去，群臣的意见也不能送达君主。

臣子权势太重，君主就像一个木偶，成为一件摆设，或者说君主就如同瞎子和聋子，看不见也听不见国家事务，臣子想怎么摆你就怎么摆你。鲁国国君姬野就是这么一个窝囊废，当权威丧尽之时，就是自身灭亡之日。

韩非在《内储说下六微》中说："权势不可以借人。上失其一，臣以为百。故臣得借，则力多，力多，则内外为用，内外并用则人主壅。"意思是：君主的权势不可以让臣下盗用，君主失去一种权力，臣下就可以借权发挥，扩大自己的权势。臣下有了君主的权势，势力就会越来越大，他们内外勾结，壅塞君主，国家就会有危险。

君主过分相信权臣，把治理国家的大权都交给权臣掌握，权臣操纵国家机要，朝廷内外大事离开他们就办不成，那么君主就会被权臣控制，不能独立行使权力，国家就有可能灭亡。鲁国国君姬野名为国君，却有名无实，权威都让大臣李氏占据了，落得逃亡的下场不足为奇。

韩非在《喻老》中说："君人者，势重于人臣之间，失则不可复得也。"意思是君主的权势要重于臣下，丧失权势就不能复得。

春秋时期，郑国丞相子产很能干，能力很强。郑国国君郑简公担心子产的权威超过自己，也担心子产权力过大，对君主造成威胁，于是专门对子产进行训诫，警告子产不要管太多国家事务，只要做好本职工作就可以了。

郑简公是这样说的："我喝酒也不安心。国家不安定，百姓得不到治理，农耕与战事不协调，也有你的责任。你有你的职权，我有我的职权，我们各司其职吧。"

从此以后，子产不敢插手职权以外的事务，专心致志做好丞相的工作，五年后，郑国出现了国泰民安的景象，盗贼销声匿迹，民间可以夜不闭户，农具可以放在田地里，丢失东西可以找回，瓜果挂在街边无人偷摘，人民丰衣足食，生活安定。

君臣之间责权分明，没有逾越之嫌，君主有实权，有威信，臣下爱岗敬业，国家就能治理好。郑简公掌握了这条治国理政之道，所以郑国出现了安定团结的局面。

魏国的国君魏昭王也想树立权威，但他平庸懒惰，既不懂法律，又不懂行政事务，他对丞相孟尝君说："我想亲自处理国家事务。"孟尝君说："那您何不尝试读一读国家法律。"于是魏昭王就信誓旦旦地读起法律条文来，然而还没读上几页，就打起瞌睡来。他对孟尝君说："我读不懂这些法律。"

韩非批评魏昭王说，君主不懂法律，没有权势，又想处理国家事务，打瞌睡是自然的事。

君主如何树立权威？韩非在《二柄》中说："明主之所导制其臣者，二柄而已矣。二柄者，刑、德也。何谓'刑、德'？曰：杀戮之谓'刑'，庆赏之谓'德'。"这句话的意思是，英明的君主控制臣下的办法，无非握紧两把权柄而已。所谓两把权柄，就是法律与奖赏。

韩非又在《喻老》中说："赏罚者，邦之利器也，在君则制臣，在臣则胜君。"这句话的意思是，赏罚是治国的利器，掌握在君主手里，就能控制臣下，掌握在臣子手里，君主反被控制。赏罚是国家最重要的权力，包括对贤能者的提拔重用，对民众的恩施，对违规者的处罚等，这些权力是体现君主地位，表现君主权威的利器，必须牢牢掌握在手中。

两千多年前的秦国国君秦始皇就是一个擅于树立权威的国君。他处事刚毅果断。秦始皇当上国君之后遇到的第一件大事就是嫪毐叛乱，这件事处理起来很棘手，因为嫪毐是秦始皇母亲的情夫，而且嫪毐和她母亲搞出了两个私生子。秦始皇在大是大非面前，大义凛然，果断调兵遣将，一举摧毁了嫪毐叛乱集团，下令车裂嫪毐，并将自己的母亲赶出宫廷。事情处理得干脆利索，充分显示出秦始皇刚毅果敢的魄力和应对突发事件的能力。他更勇于改正错误，嫪毐叛乱事件中，参与叛乱的人多为外国的客卿。所谓客卿就是从别的国家来到秦国，为秦国效力的能人志士。大量客卿任职于秦国朝廷，瓜分了秦国贵族的权力。叛乱事件发生后，秦国贵族大臣借机挑唆秦始皇，要求驱逐外国客卿。于是秦始皇下令驱逐所有客卿。李斯是楚国人，也在被驱逐之列。李斯写了一份《谏逐客书》呈交给秦始皇，李斯从统一中国的高度立论，指出“逐客令”是错误的决策，请求秦始皇收回成命。秦始皇看了李斯的《谏逐客书》，认识到自己下的“逐客令”不符合国家利益，于是收回成命，留住了大批人才，这一政策表现出秦始皇独特的眼光和宽大的胸怀。他敬业勤政，心系天下，给自己定下了每天的工作量，一天要审阅奏章（竹简）一百二十斤，从不懈怠，不审阅完决不休息，可谓兢兢业业，恪尽职守。秦始皇还经常深入全国各地实地考察，宣传朝廷的方针政策，了解民情，为了国家的事业“鞠躬尽瘁，死而后已”。他爱才惜才，与人相处，不计私怨，能屈能伸。他用人唯才是举，不论出身。尉缭是来自魏国的军事家，著有兵书《尉缭子》，是一个难得的人才。尉缭屡次说秦始皇的坏话，秦始皇不但不计较，反而重用尉缭，足见其用人不存私怨的博大胸襟。韩国派了一个奸细到秦国刺探情报，这个奸细名叫郑国。事情败露后，秦始皇不但没有诛杀郑国，反而利用它“水利专家”的特长，让他主持引泾水注洛的著名水利工程，还以郑国这个人的名字为这一工程命名。这一古代的伟大工程，使关中变成了旱涝保收的沃土。

作为一国之君，要像秦始皇那样有魄力、有风度、有涵养、有权威，才能坐稳江山。

秦始皇去世之后，他的儿子胡亥继承了皇位。胡亥既没有魄力和风度，也没有涵养和权威，是个昏庸无能的皇帝。

胡亥做皇帝之前，给人的印象就不好。有一次，秦始皇设宴招待群臣，按照规矩，大臣们进入宫殿时都把鞋子脱下，并把鞋子整齐地摆放在殿门外。胡亥吃饱后，提前退席。走到殿门前，他故意恶作剧，把大臣们的鞋子踢得乱七八糟，分不清彼此。

胡亥继位后，纨绔子弟的形象仍然不变，他一心想着享乐，有一次他对时为丞相的赵高说：“人生短暂，我想尽情享乐，爱卿你看如何？”胡亥的昏庸，正合赵高的心意。赵高哄骗胡亥说：“现在天下太平，你就在宫里尽情享乐吧，国家的事务由我为陛下操劳。”从此，朝中大小政事都由赵高一人独断专行。

公元前206年，赵高假借抓捕盗贼之名，直闯胡亥的行宫。胡亥走投无路，拔剑自杀。胡亥死时年仅二十四岁，皇帝也仅仅当了三年。

胡亥作为一国之君，被丞相赵高蒙骗并杀害。这是胡亥软弱无能，宠信赵高而自己不问国事所造成的后果。

“飞龙驾云而飞翔，腾蛇漂游雾中，如果失去云雾的依托，龙、蛇就如同蚯蚓一样威风全无。贤能的人敌不过小人，是权力小地位低的缘故；小人克制贤能的人，是小人有权有势地位高的缘故。”也就是说，权势地位是治理国家的法宝，不可随便交给臣下，胡亥不懂得这个道理，所以身败名裂。

国君如何坐稳江山？韩非是这样说的：“毋富人而贷焉，毋贵人而逼焉，毋专信一人而失其都国焉。”（《扬榷》）这段话的意思是说，不能让大臣的财富超出应得的范围，不能让大臣的权威超出职权范围，不能只相信一个大臣而埋下安全隐患。

对于国君不理朝政的危害性，韩非在《八说》一篇中指出：“治国是非，不以术断而决于宠人，则臣下轻君而重于宠人矣。人主不亲观听，而制断在下，托食于国者也。”这段话的意思是说，治理国家，君主没有主见，国家大事都由宠臣做决定。那么众臣就会轻视君主，而去巴结宠臣。国家大事君主不亲自主持，而把大权交给下级，那么君主就成了任人摆布的傀儡。

在这段论述里，韩非意在说明，君王要树立自己的权威，要把大权牢牢控制在自己手中，否则很容易被人篡夺大权，从而失去江山。

韩非在《亡征》中说：“大臣甚贵，偏党众强，壅塞主断而重擅国者，可亡也。”意思是，大臣势力很大，党羽众多并且强盛，蒙蔽君主视听，干预君主决断，且操控政权的，国家就可能灭亡。

庆父是鲁国君主鲁庄公的弟弟，位居鲁国的上卿。他专横跋扈，结党营私，他与其嫂——鲁庄公的夫人哀姜私通，蓄谋争夺君位。

公元前662年，鲁庄公病死，庆父想篡位，但遭到其他大臣反对，阴谋没有得逞。在鲁庄公另一个弟弟季友的支持下，鲁庄公的儿子公子般当了国君。夺权阴谋不能得逞，庆父非常不甘心，便与嫂子哀姜密谋，欲暗杀公子般。恰好有个叫荦的养马人，很有力气，也很鲁莽，因受过鲁庄公的责罚怀恨在心，庆父就唆使荦乘丧期杀死了公子般，因嫂子哀姜无子，便立哀姜的妹妹叔姜的儿子姬启为国君，即鲁闵公。此后庆父更加肆无忌惮，并且野心越来越大。鲁闵公二年，他与嫂子哀姜又指使一个叫齮的人杀了鲁闵公，欲立庆父为国君。季友趁乱领着鲁庄公的另一个儿子姬申逃到邾国，发出文告声讨庆父，要求国人杀庆父，立姬申。国人对专横跋扈、结党营私的庆父非常痛恨，纷纷响应，讨伐庆父。庆父畏惧，逃亡到莒国，哀姜逃到邾国。

庆父控制鲁国朝政的年代，鲁国国君有名无实，有职无权。庆父肆无忌惮地操控鲁国政权，把鲁国搅得鸡犬不宁。当时，齐国国君齐桓公曾派大夫仲孙湫到鲁国去了解情况。不久，仲孙湫把了解到的鲁国情况向齐桓公作了报告，并下结论说："如果不除去庆父，鲁国的灾难是不会终止的。"事实就是这样。庆父垄断国家法令，独断专行，两年之内，鲁国两个国君被杀，原因就是大臣的权威重于国君。

韩非给为政者以警示：君主把主政的大权都交给权臣掌握，那么君主就会被权臣控制。权臣操纵国家权力，顺他者昌，逆他者亡，君主无权无势，凡事都得经过权臣，这样的君主是没有权威的君主，是亡国的君主。

鲁国国君问孔子："民间谚语说，没有众人就会迷惑。我做事，总是与群臣一起商量，但国家却治理得越来越乱，这是什么原因呢？"孔子回答说："众臣说的话与季孙氏口径一致，所以国家混乱。"

孔子的意思是：国家的大权被季孙氏操控，大臣们都惧怕季孙氏，季孙氏说什么，他们也跟着说什么，虽然国君每逢国家大事都与大臣们商量讨论，由于大臣们说的与季孙氏说的一样，参加商量讨论的人很多，实际上是和季孙氏一个人商量讨论的结果一样。

在朝廷季孙氏说话管用，君主说话不管用；季孙氏说话响，君主说话不响；季孙氏有权威，君主没有权威。这就是鲁国越来越乱的原因。

"威寡者，则下侵上。"（《内储说上七术》），"夫赏罚之为道，利器也。"（《内储说上七术》）韩非说，国君没有权威，大臣就会凌驾于国君之上。只有握紧法律和奖赏两把权柄，君主才能树立绝对权威，国家才能长治久安。

第四讲　贤智之士不用，人主之塞

“贤智之士不用，人主之塞”是韩非的名言。意思是不选用德才兼备的人，君主的眼睛瞎了。

从国家层面来说，选人用人是国家大事，非同小可。选人用人得当，国泰民安；选人用人不当，危及江山社稷。

作为一国之君如何选人用人呢?

韩非在《人主》一篇中指出：“明主者，推功而爵禄，称能而官事，所举者必有贤，所用者必有能，贤能之士进，则私门之请止矣。”这段话的意思是说，英明的君主，按照官员功劳大小而授予爵禄，依据官员能力大小封官任职，被选拔的对象必须有好的品德，被任用的对象必须有工作能力。重视以德才选人用人，任人唯亲就被制止了。

从韩非的这段话可以看出，两千多年前，德才兼备就已经成为朝廷选拔人才的基本原则。

春秋战国时期，齐国的丞相管仲退休了，选谁来接替管仲的相位呢？齐桓公拿不定主意，就与管仲商量。齐桓公问：“竖刁可以吗？”管仲说：“不可用。竖刁这个人为了在内宫谋得官职，采用自残的办法，自己割掉自己的睾丸。他投机取巧，行为不端，所以这个人不能用。”齐桓公又问：“开方可以吗？”管仲说：“不可用。开方这个人在朝廷做官，十五年不回家看望父母。没有孝心，所以这个人也不能用。”齐桓公又问：“易牙可以吗？”管仲说：“不可用。易牙这个人为了满足大王的口味，把自己儿子的脑袋蒸熟送给大王品尝。非常残忍，没有爱心，所以也不能用。”齐桓公问：“那么谁可以用呢？”管仲说：“隰朋可以用。隰朋廉洁自律、坚守诚信、讲原则有能力，所以这个人可以用。”前面被管仲否定的三个人，都是品德有问题的人。管仲推荐的隰朋，既有德又有才。可见，古代朝廷，都坚持德才兼备的选人用人原则。

可惜齐桓公不听管仲的劝告，任用竖刁和易牙为相，最终的结果是齐桓公被竖刁和易牙害死，尸体都长蛆了也没人埋葬。

竖刁和易牙擅长用花言巧语哄齐桓公高兴，而阴险狡诈的人品却隐藏得很深，晚年的齐桓公昏庸糊涂，根本无法识破竖刁和易牙的真实嘴脸。正如韩非所说，阿谀奉承的臣子，唯有圣明的君主能识别，而昏庸糊涂的君主亲近他们，则会酿成不可挽回的后果。

韩非在《说疑》中说：“乱主则不然，不知其臣之意行，而任之以国，故小之名卑地削，大之国亡身死。”意思是说，昏庸的君主，不了解臣子的品德和为人，就把国家的重任交给他们，轻则让君主身败名裂，重则让国破家亡。

国家的重要职位，如果用错人，会造成非常严重的安全隐患。特别是君主身边的人，他们除了没有经历过艰苦环境的锻炼之外，有的人甚至无德无才，只会阿谀奉承、拍马溜须讨好君主，君主往往按个人的偏见给这些人委以重任。

春秋时期，随国有一位大夫叫季梁，他对国家忠心耿耿，又足智多谋，是随国首屈一指的人才。但随国国君不重用季梁，却宠爱重用夸夸其谈，华而不实的少师国君偏听偏信奸诈的少师，使得一批忠臣受到压制，说话权大打折扣。

公元前704年，楚军进犯随国，两国军队在汉水和淮水之间摆开阵势。老臣季梁向国君提出建议，楚军来势汹汹，随军应避其锋芒，先谈判，谈判不成再与其交战。

少师却反对谈判，他主张直接与楚军决战。国君宠爱少师，就同意出战。

季梁既是一位政治家，也是一位军事家。战斗打响后，季梁提出，楚军以左为尊，所以楚国国君一定在楚军的左路军中，其左路军兵力肯定比右路军强，随军应该先打击其薄弱的右路军。

少师自以为是，抢词夺理，他说，枪打出头鸟，擒贼先擒王，不打楚王所在的左路军，去打右路军，这不是有失体面吗？

随国国君又同意少师的意见，命令打楚国的左路军。结果，随军大败，少师被俘。

宠信身边奸诈的人，必然不会有好事情。奸人得到重用，国将不国，这是历史留下的教训。

韩非说，君主认为贤能的人并不一定贤能，因为君主观察人有局限性，君主只看见自己身边的人，而身边的人又尽可能掩饰自己的阴暗面，用甜言蜜语和献殷勤的手段来博取君主喜欢，所以君主看中的人往往是奸诈小人。让民众来鉴别贤人，才能得到真正的贤人。

魏文侯是战国时期魏国的君主。公元前472年至前396年在位。魏文侯在位时礼贤下士，他在选人用人时，面向广大民众，而不是身边的人。他拜儒门子弟子夏为师，任用李悝、翟璜为相，乐羊、吴起为将。这些人出身于小贵族或平民。

在这群从下层选拔上来的贤能之士的辅佐下，魏文侯在战国七雄中最早推行变法，他改革弊政，依法治国，奖励耕战，兴修水利，发展经济，使魏国呈现出蒸蒸日上的旺盛生机。后来秦国的商鞅变法就是以魏国改革为蓝本的。

魏国之所以能够称霸百年，一方面是魏文侯选人用人以德才兼备为原则，另一方面就是实行改革，把魏国变成了中原国力最强的霸主。

魏文侯任用大臣不看出身，重视能力，提拔了很多平民和有戎狄背景的人才，魏国的贵族很少得到重用。魏文侯重用的最重要的两个人物——吴起和李悝都是来自卫国的平民。乐羊、西门豹是魏国的平民。翟璜是戎狄出身。只有魏成是魏文侯的弟弟，出身贵族。

韩非说，用人就像选择驾驭马车的能手一样，选中王良这样能力非凡的人驾车，马车能日行千里。选用无能的人驾车，马车就会翻倒，甚至车毁人亡。

商汤是商朝的开国君主，商汤重用的两个重要人物，左相仲虺和右相伊尹是两个身世和经历完全不相同的人。

仲虺是个奴隶主，从他先祖起就世代在夏王朝做官。伊尹是个奴隶，从他少年时代起就过着流浪生活，后来成为商汤妻子陪嫁的奴隶。

据说仲虺出生时雷声虺虺，闪电如蛇，大雨倾盆，排解了家乡多年的旱灾。古时候形容雷鸣声为“虺虺”，同时虺也是蛇的代称，因为下雨时闪电就像一条条长蛇飞舞，于是他的父亲给儿子起名叫“虺”，并给他以赤蛇纹身。因排行老二，所以叫任仲虺。

仲虺二十四岁继薛国国君之位，他是一位极具才华与政治远见的人物。居薛期间，发扬先祖的优良传统，带领薛地民众，着力改进生产工具，号召各个村落在低洼地带打井取水，发展农业。他还倡导人们饲养牲畜，大力发展畜牧业。他设立农官，教人民用庄稼的秸秆饲养牲畜，用牲畜的粪便作为肥料，来提高土地的肥力。仲虺还重视手工业的发展。当时，铜器制造业、手工艺品制造业、皮革、酿酒、养蚕、织帛等，都发展到一定的规模。在仲虺的领导下，薛国成为一个经济较为发达、实力较为强大的诸侯国。而此时的夏王朝，已是江河日下、众叛亲离。仲虺高瞻远瞩，欣然加入商汤灭夏的行列中。

伊尹，夏末商初人。传说，他的父亲是个既能屠宰又善烹调的家用奴隶厨师，他的母亲是居住于伊水（今洛阳伊河）之上采桑养蚕的奴隶。他母亲生他之前梦到神人告知：“臼出水而东走，毋顾。”第二天，她果然发现臼内水如泉涌。这个善良的采桑女赶紧通知四邻向东逃奔二十里，回头看时，那里的村落变成了一片汪洋。幸亏逃得及时，否则乡亲们都将被葬身在汪洋之中。因为她违背了神人的告诫，所以身子化为桑地，伊尹就降生在桑地中。碰巧有莘氏采桑女经过，发现桑地中有一个婴儿，便带回献给有莘王，有莘王便命家用奴隶厨师抚养他。这一神话传说曲折地反映了伊尹是依水而生的，故命名为伊。伊尹自幼聪明颖慧，勤学上进，他一边给有莘王当厨师，一边研究尧舜的治国之道，同时又兼职做贵族子弟的“师仆”。后来伊尹因研究三皇五帝和大禹王等英明君王的施政之道而远近闻名。商汤王听说有莘国的伊尹懂得治国之道，于是三番五次以玉、帛、马、皮为礼前往有莘国去聘请伊尹。但有莘王不愿意将伊尹这样难得的人才拱手送给商汤王，为了得到伊尹，商汤选择了与有莘王和亲的办法，娶有莘王的女儿为妃。于是，伊尹便以陪嫁奴隶的身份来到商汤王身边。

商汤王是个识才之君，任用了仲虺和伊尹二人为左右相。商汤王有了仲虺和伊尹的辅佐，首先是治理好内部，鼓励商统治区的人民安心农耕，饲养牲畜。同时团结与商友善的诸侯国。在商汤的仁义以及仲虺、伊尹的鼓动下，一些诸侯陆续叛夏而归顺商，归商的诸侯很快就增加到四十个，商汤的势力愈来愈大。

大约在公元前1601年，夏桀王在政治和军事上完全陷入孤立无援的困境。商汤看到灭夏的时机已经成熟，在仲虺和伊尹的谋划下，起兵伐夏。夏桀战败南逃，不久夏朝灭亡。

商汤之所以能灭掉夏朝，建立商朝，与正确选人用人有着密切关系。商汤不从身边狭小的范围去选拔人才，而是面向全国。只要是贤能的人，他不问出身，不管是贵族也好，平民也好，都予以任用。商汤所重用的两个人，一个是奴隶主，一个是奴隶，出身不同，但都是德才兼备的人才。

一个国家治理得好不好，人才是关键。商汤因任用仲虺、伊尹而立国；魏文侯因任用李悝、吴起而兴国；齐桓公因任用管仲而富国；秦孝公因任用商鞅而强国。

战国初期，七雄中秦国最落后。公元前361年，秦孝公即位后，下了一道“求贤令”，招纳有才能的人，为秦国的改革献计献策。卫国人商鞅听闻秦孝公的求贤令，便携带李悝的《法经》投奔秦国。商鞅先与秦孝公谈王道之术，秦孝公边听边打瞌睡；商鞅又与秦孝公谈霸道之术，秦孝公听后改变态度但没有重用商鞅；商鞅再与秦孝公谈富国强兵之策，秦孝公听后大喜，两人畅谈几天毫无倦意。公元前356年，秦孝公任用商鞅实行变法，新法令规定：国家承认田地归私人拥有，准许土地自由买卖；废除贵族一出生就享有爵禄和当官的特权，实行按军功授爵赐田宅的办法，贵族没有军功的，一律没有爵位；多生产粮食和布帛的，可免除徭役，因为做买卖和懒惰而贫穷的，则和妻子儿女一起罚做官府奴隶。商鞅变法后，秦国的农业生产力得到发展，军事力量也强大起来。在这基础上，商鞅在公元前350年又实行第二次变法：废除了井田制，将井田间纵横交错的小路开垦出来种上庄稼；在全国建立三十一个县，由国家派官吏直接管理，加强了中央的政治权力。十年之后，秦国的国力越来越强盛，逐渐成为战国七雄中实力最强大的国家。

在诸侯割据的战国时期，谁重视选人用人，谁获得最优秀的人才，谁就能立于诸侯之巅。秦孝公下“求贤令”，得到了治国奇才商鞅，在商鞅的辅佐下，秦国实力由七雄之末跃居七雄之首。

对于选人用人上的不正之风，韩非有独到的见解。韩非在《八奸》一篇中指出：“不课贤不肖，不论有功劳，用诸侯之重，听左右之谒，父兄大臣上请爵禄于上，而下卖之以收财利及树私党。故财利多者买官以为贵，有左右之交者请谒以成重。功劳之臣不论，官职之迁失谬。是以吏偷官而外交，弃事而财亲。是以贤者懈怠而不劝，有功者隳而简其业，此亡国之风也。”这段话的意思是说：选拔人才，不考核被选拔的人是否贤良，不评定被选拔的人是否有功劳，而是任用各官员器重的人，听从左右近臣及亲属的请求，任人唯亲，而下面的官员买官卖官，收取钱财，结党营私。所以有人以财买官变成富贵的人，与君主左右大臣有交情的人靠拉关系变成重要官员。有功劳的人得不到肯定，职务升迁又不公正。官职通过私人交易窃取，官员把买卖官职作为生财之道，因此贤能的人对朝廷失去信心，对事业失去希望，这是亡国的风气呀。

对于选人用人韩非具有远见卓识，这段论述对选人用人的不正之风分析得很透彻。

春秋时期，韩国君主韩昭侯任用申不害为丞相，推行政治体制改革。有一天，韩昭侯对申不害说："改革阻力很大，怎么办呢？" 申不害说："改革要按功劳和能力授予官职，但君主您却听从身边的人花言巧语，使用投机取巧的人，这是改革难以推行的原因。"韩昭侯认为申不害说得有道理，就立刻改正了自己的错误。过了一段时间，申不害向韩昭侯请求任用自己的堂叔为官。韩昭侯说："你提醒我用人要按功劳和能力授予官职，不讲私情，现在你要任用你的堂叔为官，这不是破坏改革吗？我不能采纳你的请求。"申不害意识到自己是明知故犯选人用人原则，于是诚惶诚恐的请求韩昭侯给予处罚。

在选人用人上不注重"五湖四海"，只在小范围内选人用人，甚至任人唯亲，最终都很难避免政治危机。

韩非在《外储说右上》中说，为什么贤能之士被挡在朝廷的大门之外，为什么贤能之士被搁置不用，就是因为朝廷里有这么一些操控用人大权的恶狗，专咬贤能之士。

子圉是宋国的大臣，他把孔子引见给太宰。太宰非常热情地接见了孔子，并与孔子进行了深刻的交谈。通过交谈，太宰对孔子渊博的知识和独到的治国理念深感佩服。交谈结束后，子圉问太宰对孔子有何印象，太宰说："我与孔子交谈后，看你就像跳蚤一样渺小，我要把孔子推荐给国君。"

子圉害怕孔子被国君重用，就煞有介事地对太宰说："如果国君见到孔子，那么国君也会把您看得跟跳蚤一样渺小。”

太宰也害怕国君重用孔子，所以找借口不让孔子见到宋国国君。

韩非所说的恶狗，就是宋国子圉和太宰之类的人，妒忌优秀人才，恶意埋没优秀人才。

韩非分别在《有度》《六反》中说：“明智的君主依法选拔人才，不凭自己的主观意志来选人用人，不凭自己的感觉来评价人。不埋没有才能的人，不让无能的人蒙混过关；吹嘘的人不能提拔，被诬陷的人不被罢免官职，明白这些道理，选拔人才就有度了。”

选人用人不仅要看他的言论是否得当，而且要看他是否有工作能力，那么没有才干的平庸之辈就没有市场。想得到大力士，不能只听他自我吹嘘，拿一个鼎给他举一举，是不是大力士就鉴别出来了。考察一个人的能力，试用一段时间，就可以知道这个人有没有能力了。经过试用，无能的人就不使用。昏庸的君主往往迷惑于油嘴滑舌的人，只欣赏他们说的漂亮话，而不注重他们的实际工作能力，所以被蒙骗。圣明的君主，选人用人不但要听其言，而且要观其行。

韩非对选人用人的精辟论述，值得当代各级人事部门参考。韩非认为，国家只有使用德才兼备的人，才能确保长治久安。

英明的君主，要破除世卿世禄制，优礼贤俊，不以贵贱论人才，不拘一格网络人才。

韩非对于使用人才，有其独特的见解，他在《说疑》一篇中指出：圣明的君主选拔人才，对内不回避亲属，对外不排斥仇人。只要有德有才，就推举；假冒的人才，就处罚。那么，贤良的人才就能够引进，奸邪的人就会被排斥在外。

齐国国君齐桓公与管仲有一箭之仇。公元前686年，齐襄王被谋杀，逃亡在国外的齐襄王的两个弟弟，一个叫小白，一个叫公子纠，两人都想继承王位。于是小白和公子纠都日夜兼程、马不停蹄地赶回国内。为了阻止小白夺取王位，公子纠的师傅管仲埋伏于险要之地，待小白经过时，拉弓放箭，小白应声倒下。管仲以为小白被射死了，放松了赶路。不料这一箭正好射中小白的带勾，没有射死小白，小白倒下是装死。结果小白抢先夺得王位，称为齐桓公。公子纠夺位失败被杀，管仲也成了阶下囚。齐桓公欲封师傅鲍叔牙为丞相，并欲杀管仲报一箭之仇。鲍叔牙却劝说齐桓公不计前嫌，用管仲为相国。齐桓公说："难道你不知道我与管仲有一箭之仇吗？"鲍叔牙说管仲之才远胜于自己，是一个难得的人才。齐桓公听后，摒弃前嫌，欣然接受鲍叔牙的规劝，任用仇人管仲为丞相。

在管仲的辅佐下，齐桓公推行政治、经济体制改革，使齐国成为春秋时期第一个霸主。所以韩非说，齐桓公靠管仲而会合诸侯，晋文公靠舅犯才能称霸。

公元前655年，秦穆公派公子絷到晋国代自己去求婚。晋献公把大女儿许配给秦穆公，还送了一些奴仆作为陪嫁，其中有一个奴仆叫百里奚。他是虞国的亡国大夫，很有才能。晋献公本想重用他，但百里奚却宁死不从。这次，有个大臣对晋献公说："百里奚不愿做官，就让他做个陪嫁的奴仆吧。"公子絷带着百里奚等回国时，半道上百里奚却偷偷逃走了。到了秦国，按陪嫁奴仆的名单点名，发现少了百里奚。秦穆公就追问公子絷。公子絷说："一个奴仆逃走了，没什么了不起。"朝中有个从晋国投奔过来的武士叫公孙枝，把百里奚介绍了一番，认为他是个了不起的贤才。于是，秦穆公一心想找到百里奚。这时百里奚慌乱中逃到了楚国的边境线上，被楚兵当作奸细抓了起来。

百里奚说："我是虞国人，为有钱人家看牛的，国家灭亡了，只好出来逃难。"楚兵见这个六七十岁的老头子一副老实相，不像个奸细，就把他留下来看牛。百里奚确实有一套牧牛的本领，把牛养得都很肥壮，大家给他送了个雅号：放牛大王。楚国的君主楚成王知道后，就叫他到南海去放马。后来秦穆公总算打听到百里奚的下落，就备了一份厚礼，想派人去请求楚成王把百里奚送到秦国来。公孙枝说：“这可万万使不得。楚国让百里奚看马，是因为不知他是个贤能之士。如果您用这么贵重的礼物去换他回来，不就等于告诉楚王，你想重用百里奚吗？那楚王还肯放他走吗？”秦穆公问：“那你说说怎样弄他回来？”公孙枝答道：“应该按照现在一般奴仆的价钱，花五张羊皮把他赎回来。”

一位使者奉命去见楚成王，说：“我们有个奴隶叫百里奚，他犯了法，躲到贵国来了，请让我们把他赎回去办罪。”说着献上五张黑色的上等羊皮。楚成王想都没想，就命令把百里奚装上囚车，让秦国使者带回去。百里奚拜见秦穆公后，秦穆公想请他当相国。百里奚推荐了自己的朋友蹇叔和蹇叔的儿子西乞术、白乙丙。秦穆公拜蹇叔为右相，拜百里奚为左相。没多久，百里奚的儿子也投奔到秦国来，被秦穆公拜为将军。五张羊皮换来五位人才，秦穆公选贤任能的举措，为秦国的图强之梦储备了宝贵的人力资源，成为千古佳话。

秦穆公是春秋时期秦国国君，公元前659年至公元前621年在位。春秋五霸之一。在位期间，广纳贤士，大胆任用非本国的人才，开秦国任用客卿制度之先河。在他的感召下，号称“五羖大夫”的百里奚、相马专家伯乐及九方皋纷纷投其门下。他不把选拔人才的范围局限在本国的狭小区域，而是面向“五湖四海”，相国百里奚虞国人，上大夫蹇叔宋国人，上卿由余西戎人，将军孟明视虞国人，将军西乞术宋国人。在这些得力干将的辅佐下，秦穆公执政期间，“益国十二，开地千里”，整个广阔的西部地区为他所控制，为日后秦统一中国奠定了基石。

楚庄王有个爱妃，名叫樊姬。她不仅长得美丽，而且还很有头脑，对国家大事常有卓越见解。因此，楚庄王把她视为明珠，十分珍爱。一天，楚庄王从朝廷回到宫里，樊姬见他皱着眉头，便关心地问道：“大王，今天有什么不开心的事？为什么下朝这么晚啊？”

楚庄王说：“现在国家正是多事之秋，政务万端，我正同贤相两人细细商讨呢。”

樊姬笑道：“月亮好，还得星星们拱护。虞丘子虽然很贤，只是单枪匹马，而且年纪又大了。我看他不算大贤相呢。”

楚庄王惊问：“依爱妃看，怎样才算大贤相呢？”

樊姬笑道：“十步之内，必有芳草。楚国幅员广大，地跨两湖，是人杰地灵的地方。难道虞丘子就不能向大王多多推荐一些人才来帮助理政吗？”

第二天上朝时，楚庄王将樊姬的话转告虞丘子。虞丘子听罢满脸羞红，立即向楚庄王推荐孙叔敖做宰辅，自己告老退职。孙叔敖上任不久，就碰到一个棘手的案子：虞丘子家里有人犯了国法，按理要受到严厉惩处，可是办案的官员考虑到虞丘子是有功于国家的老臣，迟迟不敢判决。孙叔敖听完下属的汇报，略一沉吟，便严正地说道：“王子犯法与庶民同罪。如果因为虞老有功于国而不敢惩治他家犯法的人，这个王法还有啥用，偌大的国家如何能治理得好？”说完，便下令将虞丘子的家人逮捕法办，还按例将那个失职的官员查办。楚国民众听到这件事，无不肃然起敬。全国很快出现了赏罚分明、政治廉洁的局面。

楚庄王立刻召见虞丘子，对他感谢道：“是你推荐了这个好人才，功劳簿要记上你的头功。”

虞丘子惶恐地跪谢道：“大王，孙叔敖一直就是不徇私情，不畏权势，严格依法办事的干练人才。过去我没有及时推荐，这是我的不是啊。”

楚庄王连忙抚慰道：“你就莫要自谦了。最后还不是你老贤相推荐了新贤相吗？”

虞丘子忙道：“大王，真正推荐人才的不是我，而是樊姬夫人。”

楚庄王恍然大笑道：“对！我怎么就忘了这个深谋远虑的贤夫人哩。”

楚庄王在位时期，任用孙叔敖为令尹。孙叔敖主张“施教于民”“布政以道”，他重视民生经济，制定、实施有关政策法令，尽力使农、工、贾各得其便。宽刑缓政，发展经济，政绩赫然。主持兴修芍陂（今安丰塘），改善农业生产条件，增强国力。因出色的治水、治国、治军才能，辅佐庄王独霸南方，楚庄王成为春秋五霸之一。因积劳成疾，孙叔敖病逝他乡，年仅三十八岁。

孙叔敖是由前任令尹虞丘子推荐的。国君身边的人出于公心助推人才固然可赞。但不能只靠身边的人推荐人才，他们常处高墙深院，接触面非常有限。民间多才俊，国君应该把选拔人才的范围放大放宽，从民众中发掘人才，人才要百里挑一，千里挑一，万里挑一，只要善于挖掘，善于调查了解，一个万众之国，何愁没有人才。关键是不要搞错选拔方向，应注重“广泛”二字。

公元前600年的一天，在晋国宫殿上，大夫胥臣正在为推荐郤缺向晋襄公苦谏。“这万万不可。”廷尉出班反驳道：“郤缺是罪臣郤芮的儿子，怎么可以选用呢？”

胥臣见殿上殿下一片摇头唏嘘，就义正严词地说：“父亲有罪，儿子就不能起用么？大禹的父亲鲧有罪，舜帝惩罚了他，但是舜帝还是起用了他的儿子，治水不是获得了成功吗？岂能因为父亲获罪的缘故而埋没了人才，贻误了国家大业呢？”晋襄公说：“郤芮有罪，国家惩治了他。他的儿子一定耿耿于怀，怎么能赤胆忠心为晋国效力呢？”

胥臣说：“士为知己者死。郤芮有罪伏法，是郤芮罪有应得。君主你现在重用郤缺，正表明君主选贤授能，不拘一格。连罪臣的儿子都能重用，天下贤士怎能不策马扬鞭，踊跃前来投奔您。再说君主认为郤缺会因家仇废公，这也没有根据。管仲曾经用箭射击齐桓公，按理说齐桓公抓住了他，应将他碎尸万段，然而，齐桓公却不计前嫌，重用他做相国，终于使齐国称霸诸侯。”

晋襄公说：“管仲是天下奇才，郤缺能够和管仲相提并论吗？”

胥臣说：“一斑可窥全豹，一叶可知秋至，察其貌而观其行，即可知其为人。今天我从鲁国归来，见一对夫妇在田里锄草，那女子将饭罐高高举过头顶，十分恭敬地请丈夫进餐。而那丈夫也以同样的礼节回敬妻子。我后来得知此人正是郤缺。夫妻相敬如宾，显示了郤缺的德行。以模范的德行治理百姓，百姓就会讲仁义、尊君主、听命令，一呼而百喏，令必行，行必果，国家何愁不强大呢？”

胥臣的一番话说得大家都动了心。晋襄公羞赧地说：“一叶障目，不见泰山。我险些因为世俗的偏见损失了贤才。”于是召见了郤缺，任命他为下军大夫。郤缺果然很有才能，为晋国的强盛发挥了很大的作用。为了奖励胥臣荐才有功，晋襄公把“先茅”之地赏给了胥臣。

晋襄公元年（前627年），晋与狄战于箕（今山西蒲县东北），郤缺擒获白狄的首领，战后，襄公特别赏赐了胥臣举荐郤缺的功绩，同时任命郤缺为卿，参与国政。

此后，郤缺在晋国的地位日渐重要。晋灵公六年（前615年），任上军主将。九年，兼帅上下两军伐蔡，使其订城下之盟。晋成公六年（前601年），任中军元帅，掌晋国大政。

选拔人才，应该注重德才，出身是次要的。民间有俗语：“英雄不问出处。”从选人用人的倾向就可以看出君主思想的正或邪，出于公心的君主，以德才兼备为原则广纳人才；出于私心的君主，以亲疏帮派为标准任人唯亲。正派的君主把国家利益放在第一位选用贤人，而昏庸的君主把个人利益放在第一位，选用奸诈小人。

齐国向来有尊重人才的优良传统，然而把人才提高到国宝级的高度来认识的，唯有齐威王一人。他铸鼎声称：“皇考孝武桓公、恭哉大谟克诚。其唯因齐，扬皇考昭统，高祖黄帝，迩嗣桓文，朝问诸侯，合扬厥德。”表示要以黄帝为榜样来发扬乃父桓公的恩德。他精心选拔郡守，加强边防。使用檀子守南城拒楚，田肦守高唐拒赵，黔夫守徐州拒燕。使用种首为司寇以安国内；使用田忌为司马，孙膑为军师，教兵习战。他把这些人才看作比夜明珠还要珍贵的国宝。齐威王二十四年（前333年），齐威王与魏惠王在徐州会盟。魏惠王问齐威王：“王亦有宝乎？”威王曰：“无有。”魏王曰：“若寡人国小也，尚有经寸之珠照车前后各十二乘者十枚，奈何以万乘之国而无宝乎？”威王曰：“寡人之所以为宝与王异。吾臣有檀子者，使守南城，则楚人不敢为寇东取，泗上十二诸侯皆来朝。吾臣有盼子者，使守高唐，则赵人不敢东渔于河。吾吏有黔夫者，使守徐州，则燕人祭北门，赵人祭西门，徙而从者七千余家。吾臣有种首者，使备盗贼，则道不拾遗。将以照千里，岂特十二乘哉。”魏惠王闻言，深感羞愧，不怿而去。

基于人才是宝的深刻认识，齐威王能够做到不拘一格地任用贤才。他一面选用宗室中有智能的人为官，如任田忌为将军，田盼子守高唐。一面又选用大批门第寒微的士人，委以重任。比如，因受妒忌而惨遭迫害的著名军事家孙膑，从魏国逃归时本是刑余之人，是被追杀的囚犯，而到齐国后，以其丰富的军事理论和卓越的指挥才能，在田忌的推荐下，受到齐威王的信任和重用。史载：“忌进孙子（孙膑）于威王。威王问兵法，遂以为师。”再如受过髡刑、且相貌丑陋的淳于髡，因“博闻强记”，滑稽善辩、善于谏诤，而受到齐威王的赏识和重用。又如平民出身的邹忌，毛遂自荐，鼓琴论政，得到威王重用，三月得相印，次年封侯。

经过改革整顿的齐国，人才济济，国力日强。公元前321年，秦国借道韩魏，进攻齐国。结果齐军大败秦军，使秦王称臣谢罪。从而进一步提高了齐国雄霸的地位和声望。

没有人才，再聪明的君主也难以控制大局，更无法使国家富强起来。

韩非在《问田》中说：“夫无毛伯之试、州部之关，岂明主之备哉？”意思是：没有经过低级职务的锻炼，没有经过基层部门的磨砺，就破格提拔，不是圣明君主的做法。

商王小乙是商朝第二十二任君主。他深知艰苦环境能锻炼和培养人才，于是将儿子武丁从小送至民间，与平民一起耕种、砍柴和生活，使武丁很小就养成了俭朴的习惯，并知道人民的疾苦。武丁又善于同平民交朋友，平民傅说就是他最好的朋友。傅说是一个很有学问和才能的人，武丁从他那里学到了不少知识。艰苦的环境，把武丁锻炼成为一个意志刚强、品德优秀、才干突出的人才。父亲死后，武丁继位，武丁这时仍然保持着当年的简朴作风，也没有忘掉百姓的疾苦，他发奋图强，一心要重振商朝。他明白，要成就一番事业，必须要有人才，特别是经过基层锻炼的人才。于是他想到了傅说，傅说是一个平民，如果把他升任为重臣，必然会遭到贵族的反对。武丁就想了一个计策，古时的人相信祖先，即位的第四年，武丁借口做了一个梦，梦见先祖商汤王推荐给他一个贤才，他当着大臣们的面画出傅说的头像，让大臣们按图像四处寻找这个贤才，官员在傅岩（今山西省平陆县北）发现一个正在筑墙的平民，很像画像上的人，就将他带回首都殷墟，带回的人正是傅说。武丁大喜，便以礼相待，当众宣布解除他的奴隶身份，提拔任用，辅佐自己。贵族们都迷信鬼神，听说傅说是商汤王托梦推荐给武丁的，谁也不敢反对，还对傅说表示祝贺。

在傅说的辅佐下，武丁改革政治，励精图治，将殷商治理得秩序井然，生产发展，人丁兴旺，百姓过上了安定的生活，商朝出现了空前繁荣的局面，武丁也成为一代名主，后世尊称武丁为高宗。

武丁的父亲重视从基层培养人才，武丁重视从基层选拔人才，人才是成就事业的基础，有了经过艰苦环境锻炼的人才，事业就有了希望。

人才是国家强盛的基石，如何吸引人才，韩非是这样说的：要得到人才，并不是一件难事，只要不把贤能的人拒之门外，贤能的人自然会以其忧国忧民之心，寻求报国之门（《难二》）。

燕国是个大国。后来传到燕王哙手里，听信了奸臣的主意，把王位让给了相国子之。燕国将军和太子平反对子之当政，发动政变，燕国发生大乱。齐国借平定燕国内乱的名义，打进燕国，燕国差点被灭掉。后来燕国军民把太子平立为国君，奋起反抗，把齐国军队赶了出去。

太子平即位，就是燕昭王。他立志使燕国强大起来，下决心物色治国的人才，可是没找到合适的人。有人提醒他，老臣郭隗挺有见识，不如去找他商量一下。

燕昭王亲自登门拜访郭隗，对郭隗说："齐国趁我们国家内乱侵略我们，这个耻辱我是忘不了的。但是现在燕国国力弱小，还不能报这个仇。要是有个贤人来帮助我报仇雪耻，我宁愿伺候他。您能不能推荐这样的人才呢？"

郭隗摸了摸自己的胡子，沉思了一下说："要推荐现成的人才，我也说不上，请允许我先说个故事吧。"

古时候，有个国君，最爱千里马。他派人到处寻找，找了三年都没找到。有个侍臣打听到远处某个地方有一匹名贵的千里马，就跟国君说，只要给他一千两金子，准能把千里马买回来。那个国君挺高兴，就派侍臣带了一千两金子去买。没料到侍臣到了那里，千里马已经害病死了。侍臣想，空着双手回去不好交代，就把带去的金子拿出一半，把马骨买了回来。

侍臣把马骨献给国君，国君大发雷霆，说："我要你买的是活马，谁叫你花了钱把没用的马骨买回来？"侍臣不慌不忙地说："人家听说你肯花钱买死马，还怕没有人把活马送上来？"

国君将信将疑，也不再责备侍臣。这个消息一传开，大家都认为那位国君真爱惜千里马。不出一年，果然从四面八方送来了好几匹千里马。

郭隗说完这个故事，说："大王一定要征求贤才，就不妨把我当马骨来试一试吧。"

燕昭王听了大受启发，回去以后，马上派人造了一座很精致的房子给郭隗住，还拜郭隗做老师。各国有才干的人听到燕昭王这样真心实意招请人才，纷纷赶到燕国来求见。其中最出名的是赵国人乐毅。燕昭王拜乐毅为亚卿，请他整顿国务。

正如韩非所说，只要不把贤能的人拒之门外，贤能的人自然会寻求报国之门。国君招揽人才，必须真心实意，广开门路，发现人才，重用人才，就不愁没有人才。

第五讲　乘威严之势，以困奸邪之臣

“乘威严之势，以困奸邪之臣”是韩非的名言。意思是君主要用严厉的手段抑制奸邪的臣子。

奸臣是令人望而生畏的魔鬼。奸臣没有正经的本事，歪本事那可是一流的。他可以哄得国王开心，哄得国王高兴，哄得国王相信他，甚至哄得国王神魂颠倒。这种人心术不正，阴险毒辣。阳奉阴违、拍马溜须、暗箭伤人，甚至借刀杀人，无所不为，是国之大贼，民之大害。

作为一国之君，怎么识别和远离奸臣呢?

韩非在《说疑》一篇中指出：“人臣有五奸，而主不知也。为人臣者，有侈用财货赂以取誉者，有务庆赏赐予以移众者，有务朋党徇智尊士以擅逞者，有务解免赦罪狱以事威者，有务奉下直曲、怪言、伟服、瑰称以眩民耳目者。此五者，明君之所疑也，而圣主之所禁也。”这段话的意思是说：奸臣有五种行为，而君主却不知道，一是用行贿的手段骗取信任；二是用小恩小惠的手段来笼络人心；三是用拉帮结派的手段培养势力；四是用解除惩罚的手段来组织帮凶；五是用颠倒是非、混淆视听、巧立名目的手段来迷惑群众。这样的奸臣，是圣明的君主要明辨而远离的。

韩非这段精辟论述，深刻地揭示了奸臣的五个特征，为君主识别奸臣提供了依据。

春秋时期，卫国有一位贤能的人叫蘧伯玉，为人正直，既有德又有才，但卫国国君卫灵公却不肯重用他；另有一位叫弥子瑕的人，油嘴滑舌、作风不正、心术不正，卫灵公反而委以重任。

大夫史鱼，看在眼里，急在心上。屡次进谏卫灵公，请求重用蘧伯玉，疏远弥子瑕，但卫灵公始终执迷不悟。

后来，史鱼得了重病，将要离开人世之前，他吩咐儿子说：“身为卫国大夫，我不能说服卫灵公重用贤能疏远小人，是不能履职尽责的过失啊。我死后，将我的遗体放于窗下，以表谢罪。”

卫灵公来吊丧时，见史鱼的遗体不放在正厅，而放置在不处于正中位置的窗下，这明显是对死者的不敬，于是责问史鱼的儿子，史鱼的儿子将父亲生前的遗命告诉了卫灵公。卫灵公听后，非常震惊，脸色都变了。他意识到史鱼是借用遗体告诫自己，要远离小人。卫灵公悔恨地说：“是我的过失啊。”

此后卫灵公重用贤能的蘧伯玉，疏远并辞退了弥子瑕。

当孔子听说这件事后，赞叹地说道：“自古以来，有许多敢于直言进谏的人，但死了也就罢休了，没见过像史鱼这样的忠臣，至死都要用遗体来告诫国君远离奸臣，重用贤能，真是忠心耿耿啊。”

所谓当局者迷，旁观者清。谁是忠臣，谁是奸臣，君主往往会蒙在鼓里，而正直的大臣却看得一清二楚。

伯嚭本是楚国名臣伯州犁的孙子。由于楚国朝廷发生内乱，被牵扯株连，逃到吴国避难。他听说另一位从楚国逃难而来的伍子胥在吴国受到重用，便立即赶来投奔。

伍子胥与伯嚭虽无私交，但是因为遭遇相似，同病相怜，就将他举荐给吴王阖闾。吴王询问伯嚭：“寡人之国僻远，而今你不以吾国僻远，投奔来此，将有什么可以教导寡人的呢？”伯嚭感动地说：“我不过是楚之一介亡虏。先人无罪，横被暴诛。听说大王您收留了穷厄亡命的伍子胥，所以不远千里，归命大王。大王您有什么需要我效力的，万死不辞。”吴王听后颇为满意。

当时陪宴在场的吴国大夫被离，却对伯嚭很不放心，轻声询问伍子胥说：“您以为伯嚭可以信任吗？”伍子胥坦然以答：“我与伯嚭有相同的怨仇。您没听过《河上歌》所唱的‘同病相怜，同忧相救’么？”被离摇摇头，提醒伍子胥道：“您只见其表，不见其内。我看伯嚭为人，鹰视虎步，本性贪佞，专功而擅杀。如果重用他，恐怕您日后会受到连累。”伍子胥不以为然。在伍子胥的大力举荐下，吴王阖闾收留了伯嚭，任伯嚭为大夫，让他与伍子胥一起图谋国事。

而此时的伍子胥却没有料到被离的话会在日后应验。正是眼前这位穷途末路的伯嚭，时隔三十年后，露出了奸臣的真面目。

公元前494年，吴王夫差调遣全国的军队，以伍子胥为大将，伯嚭为副将，取太湖水道攻打越国，双方激战于夫椒（今江苏太湖中洞庭西山）。夫差亲立船头，秉袍击鼓，全军勇气倍增。恰好北风大起，波涛汹涌，吴军大舰顺流扬帆而下，俱用强弓劲弩，箭如飞蝗。越兵迎风，无法抵敌，大败而走。越王勾践仅剩的五千甲兵被围困于会稽山（今浙江绍兴）。

勾践在万般无奈之下，派大夫文种作全权代表，向吴王夫差求和，但吴王夫差受伍子胥的劝阻，不答应讲和，求和谈判陷入僵局。

越王勾践得知求和不成，当即明告臣下，杀妻戮子，烧毁王宫，欲与吴国血战到底。在这国破家亡的危急关头，大夫文种向勾践献计：“吴国太宰伯嚭，贪财好色，忌功嫉能，与伍子胥同朝却志趣不合。吴王敬畏伍子胥而亲信伯嚭。若能私下以财色收买伯嚭，使其向吴王进言，则可促使和谈成功。”

勾践一听，认为此计不错，立刻派人在内宫挑选美女八名，连同白璧二十双，黄金千镒，让文种暗中登门拜见伯嚭。伯嚭起初听说文种求见，并没在意。可是当他的随从禀告他说文种是携重礼而来时，立即下令召见。等文种进到营中，伯嚭又“倨坐以对”，神色傲慢。文种跪着致词道：“寡君勾践，年幼无知，开罪吴王，如今愿作吴臣，又恐吴王不受，故遣文种来拜见太宰，望太宰能在吴王面前美言。”说着，将礼单呈上。

此刻的伯嚭，经过二十年之苦心经营，早已不是当年那位志在复仇而勤于国事的规矩大夫了。他官至太宰，成为“万官之长”，权势之显赫已无以复加。他完全可以把骄横而缺少心机的吴王夫差玩弄于手掌之中。当文种将一大批金光闪闪的宝器堆在他面前，再把八位花枝招展的美女唤上堂来时，伯嚭那鹰隼般贪锐的目光里，顿时溢满了痴迷、淫邪的喜色。

伯嚭虽然内心欢喜，外表却又假装正经道：“越国旦暮且破，越国所有的财富还怕不全归属吴国吗？你们仅仅用这点礼物，休想收买我。”文种明白他贪心不足，便以攻为守道：“越兵虽败，但还存有几千精兵，仍可力战，即使战败，越国也会焚烧库藏，君臣投奔楚国，吴国又能得到什么呢？即使吴国得到越国的财富，大半也会收入王宫，太宰又能得到什么呢？”接着，文种又点明议和后对伯嚭的好处：“若和谈事成，那么越国所有贡品，都先经过太宰，再进入王宫，那太宰就可独揽越国的财富了。”一席话说得伯嚭心满意足，于是以宾主之礼接待文种。

只有人心向恶的奸臣接受这样一桩卖国通敌的肮脏交易。伯嚭身为吴之太宰，岂能不明此中利害。然而，他毕竟太贪婪了，邪恶的欲望是可以淹没人性中仅剩的一点良知的。

第二天，文种再次拜见吴王夫差。“愿大王赦免勾践之罪，越国则倾尽所有宝器，进贡吴国。若大王不肯放过越国，那么越王勾践将尽杀其妻儿，焚毁其宝器，率五千将卒与您拼命！”口气之强硬，比第一次求和更有过之。伍子胥当即出谏；“吴国与越国，世仇之敌国也！有吴则无越，有越则无吴，如果让其求和而得以喘息，将留无穷后患。今不灭越，悔将无及。”伍子胥仍反对和解。

在僵持不下之际，接受了越国贿赂的伯嚭，厚颜无耻地站出来帮越国说话了：“我听说古代讨伐敌国的，也不过迫使敌国臣服而已。现在越国已经臣服，我们还有什么可苛求的呢？”

就这样一句话，扭转了吴越和谈的僵局。吴王夫差本就志骄气傲，不把越王勾践放在眼里。听了伯嚭冠冕堂皇的大道理，当即拍案定局，答应越王求和，放走了被围困于会稽山的越国军队。

骄横的吴王夫差当然不明白，大凡出卖国家利益的卑鄙行为，往往是以最冠冕堂皇的言辞为掩饰的。他受了奸臣伯嚭的迷惑，放过了本可消灭的敌人。伍子胥则不同，他深谋远虑，早已洞察了此次放过越王勾践的危害。所以退朝以后，即愤愤地告诉臣僚：“越王得此缓解之机，十年生聚，十年教训，必能卷土重来。二十年之后，我大吴之国，恐怕要化为一片荒沼了。”这也是一个惊人的预言。然而，伍子胥毕竟不知道，使这一幕求和谈判出现戏性逆转的，竟是奸臣伯嚭的卖国伎俩。

文种求和事成，回到越国。公元前492年5月，越王勾践为承诺求和条件，率领范蠡等三百人“入吴为臣”，以作人质。

在吴国作人质的三年时间里，越王勾践甘做奴仆之臣，小心翼翼地伺候吴王，居然不露一丝愠怒之色。

三年后，吴王夫差准许勾践回国。越王勾践回到越国后，以文种治国政，以范蠡治军旅，他自己则卧薪尝胆，磨炼意志，又推行“舍其愆令，轻其征赋”，“裕其众庶”的政策，使得“其民殷众，以多甲兵”。勾践还优礼下士，招揽各地人才。这样，经过“十年生聚”，越国实力大增。

而吴王夫差将勾践放回国后，并没注意到勾践在国内休养生息、励精图治，而只是看到勾践表面上恭敬如常，又加上奸臣伯嚭经常为越王勾践说好话，夫差也就失去了对越国的防备之心，而逐渐耽于享乐。

有一天，夫差问伯嚭何地可以广筑宫室，寻欢作乐。伯嚭投主所好，建议夫差重建姑苏台，聚集歌童舞女，以尽人间之欢。夫差欣然采纳，越国文种听说此事，立刻通过伯嚭进献良木给夫差，表面上是表示忠诚，实质上是想让吴国因修宫室而内耗民力。果然，夫差得到良木后，大兴土木，弄得吴国劳民伤财，民怨四起。文种又向勾践献计，将西施、郑旦两位美女通过伯嚭进献吴王，使他荒于国事。伯嚭当然乐于做双方的好人，以图中饱私囊。而吴王夫差也从此沉迷酒色，荒淫无度。

不久，越国遭遇灾情，谷物歉收，文种建议向吴国借粮食，一来济国内之急，二来抽空吴国的储粮。勾践又派文种用重金贿赂伯嚭，伯嚭就同文种一起拜见吴王夫差。文种保证借粮后第二年丰收之时及时奉还。吴王夫差又不顾伍子胥的阻拦，答应借粮。第二年，越国谷粮丰收，按文种的计谋，选择了精粟，蒸熟了还给吴王。夫差见还回来的谷种粗大，还以为越国信守承诺，下令将粟种分发给国民种植，结果当然是颗粒无收。次年吴国大闹饥荒，吴王夫差不知其中有诈，还以为是水土不同造成的缘故。

在吴国，奸臣伯嚭害怕的不是吴王夫差，而是忠贞廉洁的老臣伍子胥。历来的奸臣似乎都不怕君王。因为君王喜欢听好话，只要有一套阿谀奉承、欺瞒哄骗之术与之周旋就万事大吉了。

忠臣伍子胥，足智多谋，明于治乱，疾恶如仇。在“吴越之争”的许多重要关头，一再与伯嚭抗争议于朝廷之上，成了奸臣伯嚭以权谋私的极大障碍。

再说吴王夫差自从战胜越国之后，以为从此可无后顾之忧，便一心想到中原去和齐国一比高下。公元前484年，吴王夫差派兵进攻齐国。伍子胥规劝道：“越王勾践不忘吴仇，正伺机卷土重来。勾践不死，必为吴国祸害。而齐国的威胁，却只是疥癣微疾而已；如果大王不先对付越国，而去打齐国的主意，不是错误的吗？”吴王没有听从，仍进攻齐国，在艾陵大败齐军，杀死齐军主帅国书。从此吴王夫差越来越不相信伍子胥了。

又过了四年，吴王夫差又要攻打齐国。越王勾践故意率领军队帮助吴王，同时用重金再度收买伯嚭。请他阻止伍子胥规劝夫差，怂恿夫差赶快进攻齐国。越王勾践表面上支持吴王夫差功打齐国，实际上是借此消耗吴国的国力。大奸臣伯嚭再次受贿后，更加尽心替越国说话，吴王也总是听从伯嚭之言。将要攻打齐国时，伍子胥又一次劝谏道："越国才是吴国的心腹之患，听信越国去攻打齐国得不偿失。希望大王放弃攻打齐国，而先考虑攻打越国，如果不这样，后悔就来不及了。"然而，此时吴王夫差已对伯嚭言听计从，而对伍子胥早生厌恶之心，哪里听得进伍子胥的话。

这次攻打齐国，吴国又大胜齐国。打了胜仗回来后，伯嚭又乘机在吴王面前说伍子胥的坏话："伍子胥态度粗暴，妄猜越国，他的怨恨恐怕会酿成大祸害呢。前次大王想要攻打齐国，伍子胥认为不行，但大王终于进攻齐国并取得重大胜利。伍子胥因为自己的计策没被采用而感到羞耻，竟反而产生埋怨情绪。大王又再次进攻齐国，伍子胥又强行劝阻，伍子胥的劝谏未被大王采纳，他因此装病推辞不随大王出征。大王不能不有所戒备。我派人暗中监视他，发现他将自己的儿子送出国外，可见他有叛国投敌之意，请大王早日除去伍子胥，以防不测。"

伍子胥确实是将自己的儿子送出了国外，但目的只是为了保全后代，并没有任何叛国投敌的图谋。但伯嚭的谗言，正好有所谓的"真凭实据"，夫差自然难以辨明其中的是非曲直。当即勃然大怒，派使臣赐伍子胥"属镂剑"，令其自杀。

伍子胥接到赐剑自杀之令，悲愤地告诉部下："我死以后，请将我的眼睛悬挂在都城东门，我要亲眼看到越国的侵入，吴国的灭亡。"于是含冤自刎而死。吴王听说伍子胥的遗言，大发雷霆，把伍子胥的尸体装进"鸱夷"形马皮囊中，投入姑苏东南江中。让他在江里飘浮示众。

吴国的栋梁之臣就这样被真正卖国投敌的奸臣伯嚭害死了。从此以后，伯嚭就毫无顾忌地把夫差玩弄于股掌之中。

公元前478年，越王勾践率军讨伐吴国。夫差见越国大兵压境，惊恐万分。此时伯嚭托称有病拒不上朝。

这次轮到吴王夫差向越国求和了，夫差派使者作罪臣状去见越王，乞求和议。越王勾践于心不忍，准备答应和议，范蠡立刻反对道：“大王隐忍二十年，为什么在要功成时又要放弃呢？”于是越王勾践拒绝了吴国使臣的求和，命令军队大举攻城，不久就破城而入。吴王夫差被围困于阳山，夫差悲叹到：“吾真后悔不听伍子胥之言，遭此报应，这都是吾自己造成的，活该。”于是自刎而死。临死之前，还令手下将其双眼用三寸帛遮住，说：“我无面目以见伍子胥也。”事到如今才知后悔，来不及了，夫差要是早识破奸臣伯嚭的嘴脸，重用忠诚的伍子胥，历史就会改写。

越王勾践攻入吴国首都姑苏城，吴国百官称贺，伯嚭也在其中，他自以为有恩于勾践，因此面带得意之色，向勾践拜贺。然而令他意想不到的是，勾践下令杀死伯嚭，罪名是“不忠于其君，而外受重赂，与已比周（与越国勾结）也”。

奸臣隐藏得越深危害就越大，正如韩非所说：“凡奸臣皆欲顺人主之心以取亲幸之势者也。是以主有所善，臣从而誉之；主有所憎，臣因而毁之。”（《奸劫弑臣》）意思是，凡是奸臣都想通过依顺君主的心来博取亲近和宠爱。所以君主喜欢的，奸臣也付和赞誉；君主憎恨的，奸臣也表示厌恶。伯嚭就是采取这种手段，取得夫差信任的。

奸臣是祸国殃民的魔鬼，重用奸臣就等于在自己身边放置炸弹，这颗炸弹随时都有可能爆炸。信任奸臣、重用奸臣就会亡国。

夏朝有一个君王叫后羿，他沉迷于射箭和狩猎，许多大臣奉劝他以国事为重，减少狩猎活动，但后羿依然我行我素。后羿身边有个大臣名叫寒浞，此人一向为人阴险自私，而且工于心计，表面上对后羿俯首帖耳，温顺得像只绵羊，其内心深处却隐藏着不可告人的阴谋。寒浞长期跟随后羿左右，深得后羿的信任。而后羿的行踪尽在寒浞掌握之中。在后羿外出的时节，寒浞纠集手下爪牙散布流言，极力丑化后羿的形象，毁坏后羿的名声。慢慢的，寒浞有了一定的实力。公元前2085年，寒浞趁后羿外出打猎的机会，带兵封锁了都城各个要道，控制了全城要害部位，切断了后羿的救援力量，随即领兵包围了后羿的卫队，活捉并杀死了后羿。

这是后羿不能识别奸臣而酿下的后果。韩非在《奸劫弑臣》中说："夫奸臣得乘信幸之势以毁誉进退群臣者，人主非有术数以御之也，非参验以审之也，必将以曩之合己信今之言，此幸臣之所以得欺主成私者也。故主必欺于上而臣必重于下矣，此之谓擅主之臣。"这句话的意思是，奸臣是能够凭借君主的信任和宠爱所获得的地位来诋毁罢免群臣的人。君主如果没有办法控制奸臣，不审查核实情况，必然会认为奸臣历来与自己的观点相同而轻信他们，这就是奸臣能够蒙蔽君主而成就其私利的原因。君主在上面受欺骗，奸臣在下面掌握重权，这样的奸臣能够控制君主。寒浞就是这类奸臣。

奸臣都有一个共同点，使用手段，谋取高位。奸臣之所以得到重用，是因为他们会讨好君主，会揣摩君主的心思，君主喜欢听什么话，他们就说什么话；君主讨厌什么，他们也附和着讨厌什么。如果君主不明察善断，就会以为这些奸臣很了解自己，能顺自己的意，所以就轻信他们，让他们掌握重权。

郭开是战国时期赵国的奸臣，他擅长花言巧语、吹牛拍马，深得悼襄王的宠爱，成了悼襄王的心腹重臣，朝中许多大事悼襄王都和郭开商量。据《战国策》记载，郭开吹牛拍马的手段非同一般。赵悼襄王为太子时，偏爱男色，与伴读郭开经常同宿，关系暧昧。史书上记载太子赵偃患有痔疮，郭开经常用舌头为他舔痔疮止痒，因此赵偃（即后来的悼襄王）对他十分的宠爱。孝成王死后，赵偃继位，为悼襄王。郭开利用赵悼襄王对他的宠爱和信任，大兴土木，搜刮民财，赵国人民都怨恨他。孝成王时，疾恶如仇的廉颇曾在一次宴会上当面斥责过他，所以郭开对廉颇一直怀恨在心。廉颇是赵国的一员大将，曾和蔺相如一道为捍卫赵国的尊严和利益立下了汗马功劳，给后人留下了“将相和”的千古美谈。但赵孝成王过世后，郭开怕廉颇再次立功，便对赵悼襄王说：“如今外面沸沸扬扬，到处都在传说廉颇居功自傲，有不臣之举，如果他率兵谋反的话，大王将会无法控制，不如罢免其兵权，以免除后患。”

悼襄王对郭开的花言巧语历来是言听计从，听郭开这样一说，立刻就决定罢免廉颇的兵权，命武襄君乐乘率三千军士往前线收回廉颇的兵符，代替廉颇指挥前线大军。廉颇被迫逃亡到魏国。

公元前236年夏天，赵悼襄王病死于宫中，赵迁以太子的身份即王位，是为赵幽缪王。赵迁从小在宫中长大，骄横任性，品行不端。他也看中会拍马溜须的奸臣郭开。他在郭开那里学到了许多他从前不懂的事情。比如说如何饮酒不醉，如何赌博不输，如何玩弄女人，如何整治仇人，等等。赵迁即位后，继续任用郭开为相国。

此时，赵国的名将庞煖、乐乘、乐间都已去世，只有廉颇还流亡在魏国。秦国认为赵国已无能人，便兵分三路大举进攻赵国，连续攻占了邺城、阏与、安阳等十余处重要城镇，赵国的局势十分危急。一些大臣建议召回老将军廉颇，让他继续指挥军队抗秦。而相国郭开为报私怨，不顾国家利益，极力反对重新任用廉颇。他对赵王说：“廉颇年近七十，人老体弱，连战马都上不去了，怎么还能带兵打仗呢？”他的话音刚落，朝中立刻有人站出来说：“相国此言恐怕不实，臣有位亲戚近日从大梁来，言老将军身强体壮，英武不减当年，请大王派人调查。”赵幽缪王本欲听从郭开之言，但又想朝中实在缺少良将，如果廉颇真的还能作战，让他为朝廷出力，也不是什么坏事。于是便派一名特使带着赵王赏赐的一副名甲和四匹良马，专程前往魏国大梁探望廉颇将军。

郭开为了阻止廉颇回国，便暗中派人把特使请入家中，赏黄金四百两，嘱咐他回来向大王报告时，一定要说老将军身体已经衰弱不堪。特使得了钱财，赶紧承诺说：“相国放心，一切都按您老人家说的去办。”

数日后，特使从大梁回来向赵王报告说：“廉颇将军虽然年老，饭量倒还很大，只是肠道似乎有些毛病，臣在他那里只坐了一盏茶的时间，老将军就去了三次毛厕。”赵幽缪王听了连连摇头，说：“这样的身体怎么能带兵打仗呢？此事以后不要再提了。”

赵幽缪王七年（壬申，前229年）春天，秦国乘赵国连年灾害、人心涣散之机，再次向赵国发动大规模的侵略战争。秦军兵分两路，王翦率上党军十万攻赵国的井陉（今河北石家庄市西井陉县北）。杨端和领河内兵（指黄河以北的秦军）十万进攻邯郸。

幽缪王赵迁仍命武安君李牧和将军司马尚领兵迎战秦军。而这时，秦国南路军已经接近邯郸，北路军也攻克赵井陉，秦二十万大军向邯郸靠拢。但是，他们遇到了一个很强的对手，赵军在武安君李牧的指挥下，连营数十里，深沟高垒，易守难攻，秦军多次进攻都被击退，双方僵持数月。

秋天，秦王嬴政得知前方战局不利，便召群臣商议对策。大臣们一致认为：若想攻克邯郸，首先得除掉李牧，而除掉李牧最好的办法就是用反间计。赵王最宠信的是建信君郭开，郭开最大的弱点就是贪财，只要用重金贿赂郭开，赵国就一定会罢免李牧。秦王采纳了群臣的意见，遣大夫王敖带一万两黄金入赵，收买了赵相国郭开。

郭开得了万两黄金，便把赵国的生死存亡置之度外。他入朝面见赵王，诬陷李牧私通秦国，预谋叛赵，并声称他的门人从咸阳盗得李牧谋反的证据。于是，他拿出了秦国人伪造的李牧写给秦王的书简交给赵王。幽缪王赵迁原本就是一个是非不分忠奸不辨的昏庸之人，看了书简大怒，不问青红皂白，立刻下令罢免李牧的兵权，以将军赵葱代替李牧为赵军主帅。将军司马尚大惊，急忙入朝劝谏赵王，由于言辞过激，赵王把司马尚也罢了官，将他贬为庶民。

赵葱奉王命迫使李牧交出兵权。李牧空怀一腔报国之志，却遇到一个昏庸的君王，竟为无耻的小人所害。他交出兵符后，一腔悲愤之情无处诉说，便单人独骑来到邯郸城外的一家小酒馆，喝得酩酊大醉。

赵葱也是一个势利小人，他深知李牧的才能远在他之上，恐怕日后李牧会东山再起，威胁到他的权势，于是便想斩草除根。他在军中挑选出数十名勇士，亲自率领他们去追杀李牧，寻至小酒馆，见他喝得不省人事，便乘机将他杀死，并割下他的人头，前往军前示众。

李牧所带来的五万北地兵，见他们所尊敬的元帅如此惨死，无不伤心流泪。一夜之间五万大军跑了个精光。

将军司马尚闻李牧遇难，大哭一场，恐留在赵国被奸臣所害，便遣散家人，带着夫人和孩子乘一辆马车离开赵国，逃到一个小岛上隐居起来，从此不问政事。

赵幽缪王八年（癸酉，前228年）春天，秦王嬴政闻赵国的大将军李牧已死，将军司马尚也被罢官出逃，立刻去了一块心病。他命令王翦和杨端和同时向赵军发起猛攻。

幽缪王赵迁命赵葱和颜聚领兵迎敌。赵葱原本就是一个草包，能够当上将军全靠的是宗族势力，哪里会指挥战斗。他接到命令后，也不管天高地厚，匆匆忙忙便领兵出战，结果在两军阵前被秦国的老将军王翦一枪刺死于马下。秦军挥师掩杀，赵军全线溃败。

赵将颜聚带着残兵败将逃入邯郸城，二十万秦军很快便杀到城下。幽缪王赵迁得知赵葱阵亡，十分恐慌，急忙召群臣商议对策。相国郭开认为，秦军势力强大，赵国兵微将少，与之抗争无非是以卵击石。他劝赵王献城投降，并为赵王代写降书，使人带着赵国地图与价值连城的和氏璧，前往秦营献宝请降。赵国使臣与秦军主帅约定，次日大开城门，迎接秦军入城。

此时，公子赵嘉（幽缪王赵迁的哥哥）与将军颜聚正在城上巡视，听说赵王派使臣前往秦营请降，知道大势已去，便带领宗族数百人冲出北门，逃往代郡。

第二天，秦军进入邯郸城，将赵国幽穆王赵迁和赵氏宗族大臣全都囚禁起来，送往秦国首都咸阳。赵迁失德亡国本应治罪，因其献城投降，免去死罪，削去封爵，流放于房陵（今湖北十堰市房县）。直到此时赵迁才知道他最信任的郭开，原来是个卖国求荣的大奸臣。他悔恨交加，不久便病死于房陵。

郭开身为赵国的大夫，且深得赵王宠信，赵国一亡国，自己的靠山也倒了，他怎么就不考虑一下自己的后路？其实这种担心对奸臣来说是多余的。奸臣谋国的心思没有，但谋己的门槛却精得很。郭开在逼走廉颇，谗杀李牧之前，秦国早已给他开了“接收证”，所以做起坏事来当然就有恃无恐了。在奸臣心中，做一桩恶事是恶，做两桩还是恶，所以干脆就坏事做绝，做到底。赵国完了，他郭开因功被秦王嬴政封为上卿。

郭开作恶时有一个细节耐人寻味。秦国间谍王敖曾就郭开逼走廉颇之事问道：“你不怕赵国灭亡吗？”郭开答：“赵国的存亡是整个国家的事，可廉颇是我个人的仇敌。”为泄一己私愤，可置国家安危于不顾，这就是奸臣的逻辑。

郭开在赵国为官二十余年，历任两朝相国，当职期间曾利用职权搜刮了大量的金银珠宝，埋藏在相国府宅的地下。他在秦国为官后，一直惦念着这笔财富。后来他经秦王批准，带着百余名家丁前往邯郸旧宅挖掘财宝，装了满满四车，他打算把这些财宝运到咸阳，一部分献给秦王，再用一部分贿赂秦朝有地位的高官，剩下的用来建造豪宅、豢养家奴，当然还要留一部分给子孙后代。但不幸的是，在赶往咸阳的途中，遇上了一伙强盗，他的百余名家丁尽被杀死。这些人把郭开身上的衣服剥得一丝不挂，然后将他绑在一棵大树上，上千人轮流在他身上每人割一刀，同时大喊一声“为李将军报仇”。最后把郭开割得只剩下了骨头和一摊血水。据说这伙人都是李牧的部下，他们为了给李牧报仇，专门派人打入郭开府中充当耳目。在掌握了准确信息后，于途中设伏，杀人夺宝，为李牧将军报了仇。

奸臣得势，则必然英雄末路。赵国之亡，固然是时势，但悼襄王父子亲小人，远贤能，则加速了自身的灭亡，可以说是咎由自取。

不能识别奸臣，重用奸臣，是很危险的。韩非在《说疑》中说："往世之主，有得人而身安国存者，有得人而身危国亡者。得人之名一也，而利害相千万也，故人主左右不可不慎也。为人主者诚明于臣之所言，则别贤不肖如黑白矣。"意思是，以往的君主，有的得到大臣后身安国存，有的得到大臣后身危国亡。君主都选择中意的大臣，这一点是一致的，但用人是否用对，利害差别很大。所以君主对于左右近臣不能不加倍小心谨慎。做君主的能够明察臣子的言论，那么鉴别贤臣与奸臣就如同区别黑白那样明朗了。

楚国的楚平王是一个昏庸的君主，费无极则是一个奸臣，官至太子少师。楚平王为了联秦制晋，让其子太子建与秦国国君秦哀公的长妹孟嬴联姻。派费无极到秦国去迎接秦女孟嬴，孟嬴长得很美。费无极是一个极具野心的政客，为了爬上宰相的位置。他千方百计讨好楚平王，在楚平王面前大肆渲染孟嬴的美貌，并劝楚平王把本该是儿媳妇的孟嬴抢过来，占为已有。楚平王好色，在费无极的怂恿下，强把儿媳纳为已有，费无忌也因此成为楚平王身边的宠臣。一年之后，孟嬴生下一个儿子熊轸（楚昭王），丑闻也开始泄露。

阴险狡诈的费无极担心太子建登基后对自己不利，于是不断离间楚平王与太子建的关系。公元前523年，费无极建议派太子建去镇守北部偏远的城父，名义是对太子建委以重任，实际上是把楚平王与太子建隔离开来，以消除太子建对自己构成的威胁，楚平王不知是计，欣然同意将太子建派去镇守北部偏远的城父。

伍奢是楚国的太子太师，职位在费无极之上，太子建尊重伍奢而厌恶阴险的费无极，费无极暗自怀恨在心。楚平王七年（前522年），费无极诬告太子建与伍奢密谋以齐、晋为外援发动叛乱。楚平王信以为真，召见伍奢，严加考问。伍奢规劝楚平王不要亲奸臣而疏骨肉，但昏庸的楚平王执迷不悟，把伍奢关押起来，并派城父司马奋扬去杀太子建。司马奋扬情知太子建无辜，便暗中派人先去向太子建告密，让太子建赶紧逃往国外。由于太子建获得密告，侥幸逃脱。于是楚平王诏杀伍奢及两个儿子。

大臣郄宛，忠心为国，深受国人爱戴。费无极又借令尹子常的手杀死了他。另一位大臣沈尹戍已经看穿费无极的奸诈凶险，对令尹说："费无忌是楚国的谗谀小人，迫使太子建出逃，杀害伍奢，掩蔽国君的视听。现在您又因他的谗言杀害无辜的郄宛，祸害会很快到您身上。"令尹子常反思后说："这是我的罪过，应该想办法对付费无极。"于是设计杀死了费无极，并把他的宗族全部诛灭。

大臣们对费无极的恶劣行径早已看在眼里，恨在心上。但作为一国之君的楚平王却始终蒙在鼓里，好在令尹子常果断出手，铲除了这个人，否则不知又有多少贤臣被他害死。

韩非在《六反》中说，为政就好比洗头，虽然会掉一些头发，但头还是要洗的。舍不得掉几根头发而忽视洗头保养头发的好处，就是不懂得权衡利弊得失。那奸邪的人，不严惩就会放肆，不诛杀就会为所欲为。所以要治理好国家，就要对奸臣下狠心，要严惩作恶多端的奸臣。除一奸而可以止一国之邪，除一奸可以劝一国。

韩非在《饰邪》中说："乱主使民饰于智，不知道之故，故劳而无功。释法禁而听请谒，群臣卖官于上，取赏于下，是以利在私家而威在群臣。故民无尽力事主之心，而务为交于上。民好上交，则货财上流而巧说者用。若是，则有功者愈少。奸臣愈进而材臣退，则主惑而不知所行，民聚而不知所道。"意思是，昏君迷惑于投机取巧、油头滑脑的伎俩，无视原则而听从花言巧语的唆使，放任群臣买官卖官，谋取私利。这样就将利益归入私囊，且助长了群臣的威势。这样一来，下面的人就不再看君主的权威，而是去巴结群臣。下面的人都去巴结群臣，好处都进了群臣的腰包，投机取巧的人就会得到任用。这样下去，贤臣将越来越少，奸臣则被提拔重用，一些有才能的大臣被挤退，那么君主就会被迷惑而不知所措，民众也不知应该走什么道路才正确。

韩非认为，奸臣扰乱政局可造成政治腐败、政局浑浊会失信于民，古代国家灭亡多为奸臣祸国。

奸臣的危害很大，轻者误国，重者亡国。作为一国之君，要能识别奸臣，并远离奸臣，才能确保国泰民安。韩非提醒道："人主诚明于圣人之术，而不苟于世俗之言，循名实而定是非，因参验而审言辞，是以左右近习之臣，知伪诈之不可以得安也。"意思是，圣明的君主应明白治理国家的办法，不轻信花言巧语，根据事实来判定是非，通过检验来审察言论，让近臣知道诡诈伪善是行不通的。

第六讲 比周而愚其君

凡奸臣都善于结党营私。

“比周而愚其君”是韩非的名言。指的是有的大臣结党营私愚弄君主。

韩非在《难三》一篇中说：“知下明，则禁于微；禁于微，则奸无积。”意思是说，君主要了解下情，发现有结党营私的苗头，就要及时禁止，不能让其泛滥成灾。

结党营私是一种私结帮派、争权夺利、搅乱社稷、危害国家安全的腐败行为。

在谈到结党营私的危害性时，韩非在《有度》一篇中指出：“若以党举官，则民务交而不求用于法。故官之失能者其国乱。以誉为赏、以毁为罚也，则好赏恶罚之人，释公行，行私术，比周以相位也。忘主外交，以进其与，则其下所以为上者薄矣。交众、与多，外内朋党，虽有大过，其蔽多矣。故忠臣危死于非罪，奸邪之臣安利于无功。忠臣之所以危死而不以其罪，则良臣伏矣；奸邪之臣安利不以功，则奸臣进矣。此亡之本也。”意思是说，如果以朋党关系来推举官吏，那么臣民就会挖空心思去拉关系而不依照法规求得任用。所以贤能的人得不到任用，官场腐败。以名声来奖赏，以败坏名声来惩罚，那么图名图利者，就会违背公正的法规，玩弄阴谋诡计，结党营私，互相吹捧。他们不顾国家的利益，在外拉帮结派，推举他们的党羽，那么地方官吏忠实履行职责的人就少了。帮派党羽众多，在朝廷内外形成帮派，虽然存在严重违法乱纪的行为，也会得到众多党羽的隐瞒包庇。所以忠实的官员遭到威胁或谋害，而奸邪的官员则无功受益。正直的官员受到压制，奸邪的官员被提拔升迁，这是亡国的根源啊。

结党营私危及江山社稷，所以英明的君主要禁止私人请托，杜绝官场结党营私、损人利己、谗害忠良的腐败行径，使群臣不顾个人荣辱一心为国家效力。

晏婴是齐国继管仲之后的又一名相。他从政五十七年，忠心耿耿于齐国。对结党营私之徒，谗佞谄谀之辈，晏子深恶痛绝，把这些人比作社鼠猛狗，认为他们是治国之长患。有一次，齐景公问晏婴："历史上国家的统治者，是怎样选拔人才的？"晏婴说："地质不同，地方的生长力不同，如果统一种植一样植物，要求各地都同时生长是不可能的；每个人都有不相同特长、不相同的能力，如果让他们同时完成一个任务，不可能要求他们都可以完成。当对人的要求没有止境的话，就算最聪明的人也无法满足要求；对自然界的索取是没有止境的话，天地（自然界）也是不可能全部提供的。所以聪明统治者的用人方式是：不让谄谀奉承的人接近权力中心，不让结党营私的人担任官职。用人就要让他担当可以发挥特长职务，不要强求他担当没能力承担的职务；用人就要让他去解决他精通的事务，不要强求他去解决他不善于处理的事务。"

齐景公统治时期，齐国政坛帮派斗争、结党营私持续不断。庆封、庆舍父子俩与卢蒲癸、卢蒲嫳及高虿、栾灶三个派别之间明争暗斗，搅得政局很不稳定。庆封是齐国的相国，独掌国政，骄奢淫逸，为所欲为。一天，在大臣卢蒲嫳家喝酒，卢蒲嫳让妻子出来敬酒，庆封看上了卢蒲嫳的妻子，卢蒲嫳也不计较。庆封把国家政事交付给儿子庆舍，自己带着妻妾搬到卢蒲嫳家里。庆封和卢蒲嫳的妻子同睡，卢蒲嫳也和庆封的妻妾同睡，两边都不禁忌。有时，两家妻妾聚在一起，饮酒作乐，玩耍戏谑，醉后胡闹，左右无不掩口而笑，庆封和卢蒲嫳毫不知耻。

卢蒲嫳的哥哥卢蒲癸是前任国君齐庄公的宠臣，因崔氏之乱，被迫逃往晋国。卢蒲嫳请求把他哥哥卢蒲癸从晋国召回来，庆封听从了。卢蒲癸回到齐国，庆封让他服侍庆舍。庆舍膂力过人，卢蒲癸勇力不匪。

卢蒲癸是因为崔氏之乱被逐出国门的，而庆封是崔氏之乱的帮凶，所以卢蒲癸、卢蒲嫳兄弟俩有阴谋，欲将庆封除掉。

为了取得有权有势的庆氏家族信任，卢蒲癸故意对庆舍极尽阿谀奉承，庆舍因此很喜欢他，还把女儿庆姜嫁给卢蒲癸做妻子。二人丈人女婿相称，庆舍对卢蒲癸宠爱有加。

一心要为齐庄公报仇的卢蒲癸极力向庆舍赞扬王何勇猛。庆舍问："王何现在在哪里？"卢蒲癸答道："在莒国。"庆舍便派人召王何。王何回齐国后，庆封对他也很宠爱。

自崔氏之乱后，庆封唯恐遭人暗算，每次出入，一定携带武士前后防卫。庆舍也是，因为宠信卢蒲癸、王何，就用二人为近侍。

国君齐景公喜欢吃鸡跖，一顿饭用数百只鸡，众臣家都效仿，把鸡看成食物中的极品，以致鸡价飞涨。宫厨因为开支大，便到相国庆舍那里请求增加厨房经费。卢蒲嫳存心陷害庆舍，便劝庆舍别管宫厨的请求，庆舍果然不把宫厨的请求当回事。卢蒲嫳又故意怂恿宫厨说："供应国君的膳食由你安排，何必一定要用鸡呢？"宫厨觉得也有道理，既然上头不拨经费下来，鸡价又贵，于是便用鸭代替鸡。宫中内侍、婢女以为鸭不是给齐景公吃的，常常偷着把鸭肉吃了。

这天，大夫高虿、栾灶陪侍齐景公饮食。高虿、栾灶见食物中没有鸡，只有鸭骨头，便责问宫厨。宫厨不知宫中内侍、婢女偷吃鸭肉一事，就说鸡价暴涨，经费不足，请求拨给经费，庆舍却不予理睬。高虿愤愤不平地说道："庆氏当政，竟敢克扣国君膳食，而且轻慢我们到了这种地步。"高虿要去斥责庆封，被栾灶劝住了。

有人把这事报告给了庆封，庆封对卢蒲嫳说："高虿、栾灶生我的气了，怎么办好？”卢蒲嫳故意挑拨说：“生气就杀了他们，有什么可怕的？”

卢蒲癸和王何商量说：“高、栾二家，现在和庆氏有了隔阂，我们正好可以借助他们的力量。”王何去见高虿，谎称庆氏正考虑攻打高、栾二家。高虿大怒说：“庆封实际上是和崔杼一同杀了齐庄公，现在崔氏已被消灭，只有庆氏横行霸道，我们应当替先君齐庄公报仇。”王何说：“这正是我王何的志向。请大夫您在外谋划，我和卢蒲氏在内谋划，事情没有不成之理。”高虿暗中和栾灶商议，决定寻找机会发动暴乱。

中秋八月，庆封领着庆嗣等族人，到东莱去打猎。因卢蒲嫳患病在家休养，庆封便叫大臣田无宇同去。田无宇事先已经知道高虿、栾灶等人的阴谋。田无宇和父亲田须无告别时，把高虿、栾灶等人的预谋告诉了父亲。田须无对田无宇说：“庆氏大祸将要到了！跟着一起去恐怕要遭难，你何不推辞不去？”田无宇说：“推辞会使他怀疑，所以不敢。如果父亲谎称有别的原因叫儿，儿可以设法回来。”田须无点了点头。于是，田无宇放心随庆封去打猎。

庆封等人都走了以后，卢蒲癸高兴地说：“卜师所说的‘虎离穴’已经应验了。”便与高虿、栾灶等人合议，准备在即将举行的尝新粮祭祀时起事。田须无假说妻子重病，派人叫田无宇回家。

田无宇借口预测母亲病情，请求庆封占卜。庆封占卜时，田无宇暗中祷告，请神明预测庆氏的吉凶。庆封粗通《周易》，将龟甲扔入炭火，然后取出，忙乎一番后，对田无宇说：“这是‘灭身之卦。’下克上，卑克尊，恐怕你老母的病，难以好了。”田无宇捧着占卜龟甲，流泪不止。庆封同情他，让他回去。

庆嗣见田无宇上车，便问道：“工正要到哪里去呀？”田无宇说：“母亲病重，我不得不回。”说完就飞驰而去。庆嗣见田无宇的脸上不是忧伤，而是有一股压抑不住的欣喜，便预感风声不对。

庆嗣急急找到庆封说：“田无宇说他母亲病重，恐怕是假的，都城中要有别的变乱，相国您应当赶快回去。”庆封说：“我儿子在那里，有什么可担心的？”便没有把庆嗣的劝解放在心上。

从东莱到临淄，要过莱河。田无宇过了河以后，拆了桥，毁了船，以断绝庆封归路，此时的田无宇也有了除掉庆氏的愿望。

田无宇刚到父亲田须无家，王何便来拉拢。田须无见时机成熟，便让田无宇帮助王何等人。王何走后，田无宇又去联络好友齐国大夫鲍国。这鲍国，是鲍叔牙曾孙。

这时，卢蒲癸正在紧急部署家仆。他妻子庆姜对他说：“您有事不和妾商量，一定成功不了。”卢蒲癸笑着说：“你是女人，哪里能为我谋划呢？”庆姜说：“您没听说有妇人胜过男人的事例吗？当年周武王手下有十名乱臣，邑姜身为女人，平定了他们。夫怎么说女人不能谋划呢？”卢蒲癸知道这邑姜是姜太公之女，周武王之妃，周成王和晋国开国君主姬叔虞之母。

因庆姜是庆舍之女，卢蒲癸心中便提防庆姜。卢蒲癸对庆姜说道：“从前郑国，大夫雍纠把国君郑厉公和他的密谋泄露给妻子雍姬，雍姬告诉父亲祭足，以致雍纠被祭足杀死，郑厉公也逃亡。这事成为世人之大戒，我非常害怕女人掺和呀。”庆姜说：“女人把丈夫当做天，夫唱妇和，何况还有国君命令呢？雍姬被她母亲的话愚弄了，所以谋害丈夫，这是闺阁之逆贼，哪值得一提呢？”卢蒲癸问道：“假如你处在雍姬的地位，该怎么办呢？”庆姜说：“能出谋献策，就和丈夫一起。如果不能，也不敢泄露出去。”卢蒲癸于是放心说道：“现在国君为庆氏专权而苦恼，栾灶、高虿两人便一起谋划驱逐你们家族，我正为此做准备，你不要泄露出去。”庆姜此时心头一惊，万没想到当年雍姬的苦恼落到了自己身上，心想：一边是自己的夫家，一边是自己的娘家，夫家要攻打自己娘家，而自己娘家却不知情。庆姜毕竟出身官宦之家，临危不乱，向卢蒲癸说：“妾的祖父庆封正外出打猎，时机可乘。”卢蒲癸说：“是的，要等尝新粮祭祀那天。”庆姜此时在心里暗暗道：“当年雍姬泄密让夫家、娘家自相残杀，这种做法不可取。如今遇到这事，我为何不让父亲庆舍率家人偷偷离开呢？”于是庆姜灵机一动，对卢蒲癸说：“祖父庆封身为相国，遇到祭祀这样的大事肯定会回来，那时你们行动就受阻碍了。不如让妾回娘家，劝父亲庆舍参加祭祀典礼，让家人告知祖父在外安心打猎。”卢蒲癸说：“我把性命托付给您了，您可不要学雍姬那样。”庆姜连声说：“请夫放心，请夫放心。”

庆姜匆匆回到娘家，告诉父亲庆舍：“听说高虿、栾灶要趁着尝新粮祭祀之机，采取对您不利的行动，您可千万要当心，不如率家人逃离临淄。”庆姜不想让夫家、娘家相戕，便隐去了卢蒲癸也参与其中的情节。庆舍听庆姜说完，哈哈大笑说：“高虿、栾灶，好比两只兔子，而我庆家却是虎豹，兔子怎么能对虎豹构成威胁呢？他们如果起事，我就剥下他们的皮铺着睡觉。”庆姜一再劝说，庆舍也不听。庆姜叹了口气，回去听天由命。

八月中秋，天高气爽，田野里一片金黄，这是秋收时节。齐景公率众臣在宗庙里举行尝新粮祭祀。

且说庆舍听到庆姜消息后，既不当回事，也没不当回事，他一是派人通知父亲庆封不要回来，以免遭到不测；二是用家仆、武士把宗庙团团守住。卢蒲癸、王何手持长戟，站在庆舍左右，寸步不离。

田氏、鲍氏两家有马夫会做戏，就故意让他们在街上表演。庆氏有匹马，受惊跑开了，家仆追回来后，把马都拴在一起，解开铠甲，放下武器，然后去看做戏。栾、高、田、鲍四个家族的家仆、兵丁，全部到齐国宗庙门外集合，秘密包围了宗庙。卢蒲癸借口小便，出外约定妥当。卢蒲癸回到庙内，站在庆舍身后，倒拿着戟，向高虿示意。高虿看明白后，派随从在小门那里连拍三声门板，四个家族家仆、兵丁蜂拥而入。

庆舍吃惊地站起来，心想：果然有谋乱的。他还未离开座位，卢蒲癸就从背后用戟刺进了他的腋下；王何又用戟猛打庆舍左肩，将他的肩骨打断。庆舍瞪大眼睛看着卢蒲癸与王何说："作乱的，也有你们吗？"边说边用右手拿着的铜觯向二人中的王何击去，王何立刻被毙。庆舍虽伤重，但仍用一只手抱住柱子摇撼，宗庙的屋脊都震动了。卢蒲癸拔戟重又刺去，庆舍大叫一声死去。

卢蒲癸和四家家仆、兵丁杀尽庆氏同党。各家分开把守城门，以抵御庆封。都城临淄四处防守得严严实实，水泄不通。

且说庆封在外打猎，儿子庆舍派人来说都城临淄有点乱，等过了这阵再回来。庆封相信庆舍能力，就安心在外游玩。突然庆舍逃出的家仆急急来报，临淄发生变乱，庆舍被杀。庆封大为恼怒，急回临淄攻打西门，无奈城里防守严密，无法攻下，庆封手下渐渐逃散。庆封仰天悲哭，逃亡到鲁国。

庆封流亡国外，高虿、栾灶便担任上卿，主持齐国政事。随后齐国政坛又发生以栾施与高强为代表与以陈氏、鲍氏为代表的两个派别之间的斗争，两派争权夺利，明争暗斗，且愈演愈烈，闹得朝廷上下鸡犬不宁。两个派系都想争取威望很高的齐国大夫晏婴支持，但不管两派用什么手段拉笼腐蚀，晏婴都不为所动，始终坚持忠于国家，不结党营私的政治原则，保证了国家的政治稳定。

结党营私的危害性相当大，不仅搅乱政局，而且危害社会。作为一国之主，不清除结党营私这颗毒瘤，民不宁，国不安。齐庄公与齐景公时代，齐国朝廷大臣持续结党营私，前有庆氏结党，后有高栾结党，搅得齐国政坛鸡犬不宁，朝廷权臣结成的死党就像长在君王身上的一颗毒瘤，一旦发作后果不堪设想，其危害性足以倾国，所以韩非说结党营私是亡国的根源。

春秋时期，很多大臣办事都出于公心，他们不拉帮结派，不结党营私，特别体现在选拔推荐官员时，以德才兼备为标准，以维护国家利益为前提。如果符合要求，哪怕是仇人，他们也推荐，并不是只推荐朋党和亲信。

齐桓公要封管仲为仲父，就在朝廷上宣布说："我要立管仲为仲父，赞成的站在我的右边，不赞成的站在我的左边。"仲父不是官衔，但相当于"太上王"，等于齐桓公的干爹，其权势不亚于丞相，甚至比丞相还高贵。这明显是过分拔高管仲的地位和权势，弄得不好国君的权威将受到压制，不利于安定团结。于是大臣东郭牙既不站左边，也不站右边，而是站在宫殿的中间。

齐桓公说："我说赞成的站右边，不赞成的站左边，你为什么站中间？"东郭牙说："以管仲的能力，能谋取天下吗？" 齐桓公说："当然可以。"东郭牙又说："以管仲的能力，敢干天下大事吗？" 齐桓公说："那还用说。"

东郭牙说："君主既然知道管仲能谋取天下，又敢干大事。君主给予他那么大的权势，您就不怕他喧宾夺主吗？" 齐桓公这才醒悟，感激地说："有道理。"

于是齐桓公立即调整用人策略，命令隰朋负责主持内政，管仲负责主持外交，削弱了管仲的权力。

东郭牙敢于纳谏，敢于面对权力几近顶峰的管仲，说明他大公无私，一心为国家利益着想，完全不考虑个人安危。要知道东郭牙可是管仲一手推荐的官员啊，但他并没有与管仲结党营私，并没有把国家利益置之度外，而是仗义执言，公事公办。

赵国国君赵宣子曾经告诉手下，在朝廷做事要"比而不党"，比就是友好，亲近，党是帮派。意思是官员之间应该互相尊重，团结友爱，但不能拉帮结派，结党营私。春秋时代的官员就已经把不结党营私作为政治生活的基本原则了。

赵武是晋国的卿大夫，有一天，晋国国君晋平公对赵武说："中牟县是国家的大腿和胳膊，我想安排一个得力的人去担任中牟县县令，你看谁合适呢？"赵武说："邢伯子能胜任。"晋平公说："邢伯子不是与你有仇吗？你怎么还推荐他呢？"赵武说："我不把私人的恩怨带到公事中来。"

古代就有这么一些秉公办事的贤臣，他们不结党营私，不排除异己，不买官卖官，而是互相协作，互相配合，全心全意为国家谋福利。

韩非在《亡征》一篇中指出：大臣权势过大，党羽众多且势力强盛，蒙蔽君主的视听决断而又控制了政权，那么国家就可能灭亡。

公元前328年，楚怀王即位后，楚国内政越来越腐败，国家的大权掌握在一小撮旧贵族手中。他们为了自己的利益争权夺势，闹得国家的法令无法推行，正确的主张反而受到排斥，楚国慢慢地由强盛走向衰弱。再加上西方的秦国自采用商鞅变法以来，越来越强大，并不断地侵略楚国，使楚国出现了政治、经济危机。

二十多岁的屈原学识渊博，懂得治国治乱的道理，熟悉各国的政治、经济、文化情况，又善于辞令。楚怀王就任命他为左徒(是地位和权力仅次于令尹的高级官职)，其职责是议论朝政，宣布王命，接待国宾，应付诸侯。

屈原担任左徒以后，一心想改革楚国的政治，变法图强。有一天，楚怀王问屈原："天下诸侯纷争，楚国立在其中，寡人欲称雄于诸侯。左徒多才，对此有何见解？" 屈原借此机会，详细地分析了各国诸侯之间的紧张局势和楚国内政。他说："当今，秦国在七个大国中野心最大，妄想吞并六国。但它害怕楚齐两国联盟，更怕六国合纵（南北六国形成纵长形联合阵线）抗秦。今秦国已占领巴蜀之地，并驻有重兵，直接威胁楚国。而楚国内部贵族结党营私，贪污堕落，贤士埋没，政令不行。如此发展下去，楚国危在旦夕。依臣下之见，在国内要严明法纪，举贤任能，改革内政；在外交上采取'联齐抗秦'的政策。"楚怀王连连点头。怀王叫屈原制定几项法令，限制旧贵族集团的特权，打击贪污腐化、结党营私的活动，并选任了一批德才兼备的人来管理国家大事，楚国很快强盛起来，地位也随之提高了。后来，楚、齐、赵、魏、韩、燕六国在郢都开会，订立盟约，“合纵抗秦”，并推选楚怀王当了六国的“纵约长”。

楚怀王当上了“纵约长”，秦国不敢轻视楚国了。从此，楚怀王更加信任屈原。楚怀王为了在楚国彻底实行“变法”，把楚国治理好，就秘密授权屈原起草“宪令”。

楚怀王的宠妃南后郑袖生了一个儿子，名叫子兰，是楚怀王最小的一个儿子，很受楚怀王宠爱。郑袖总是梦想子兰将来能继承王位，就拉拢一些大臣，培植势力。上官大夫靳尚见屈原年轻有为，又很受怀王的信任，对屈原十分嫉恨。他拼命巴结南后郑袖，把郑袖当做靠山，又拉拢了令尹昭阳等一伙人，结成死党，千方百计地想操纵楚国的大权。一天，楚怀王把起草“宪令”的事告诉了郑袖，郑袖又告诉了靳尚，这个消息很快就传出去了。楚国旧贵族集团十分惊慌，他们担心“宪令”一旦公布，自己的势力会受到打击。郑袖、靳尚、昭阳和公子子兰等，一面密谋对策，一面派靳尚去见屈原，探听虚实。

靳尚来到屈原的住所，果然见屈原伏案起草“宪令”。靳尚对屈原说：“左徒起草‘宪令’，日夜操劳，辛苦了。下官今日一来慰问左徒，二来拜读‘宪令’。”说着就伸手到桌上去抢“宪令”草稿，屈原迅速用手按住，严肃地说：“上官大夫应该懂得楚国的法令，‘宪令’在未公布之前是国家的机密，除大王之外，任何人也不能看！”靳尚很不高兴，灰溜溜地走了。

屈原欲把靳尚抢夺“宪令”草稿的非法行为报告楚怀王。没想到恶人先告状，靳尚从屈原那里出来之后，直奔王宫，对楚怀王说：“禀大王，您命令屈原起草‘宪令’本是国家机密，如今楚国臣民对屈原起草‘宪令’几乎家喻户晓，全是屈原为了炫耀自己泄露出去的。”楚怀王听后，火冒三丈，立即传唤屈原，问道：“寡人把楚国的大事托付于你，你不尽忠效力，却狂妄自大，胆敢不顾国法泄露起草‘宪令’的机密，夸耀自己的功劳，该当何罪。”屈原说："这都是靳尚他们造谣中伤，请大王不要轻信。"楚怀王正在气头上，当场就宣布罢免了屈原的"左徒"官职，把他降为"三闾大夫"（是个管理王族事务、主持宗庙祭祀、兼管王族子弟教育的官）。屈原说："大王如此听信谗言，使变法夭折，楚国危在旦夕啊!" 楚怀王恼羞成怒大叫道："放肆！速将这疯子赶出去，今后不经召唤，不得进宫。"屈原就这样被赶出了王宫，楚国的大权完全落到了令尹昭阳、上官大夫靳尚、南后郑袖、公子子兰这帮人的手中。

楚国本来是齐、宋、晋、秦、楚、魏六国中的强国，拥有强大的国力，但楚怀王重用结党营私的佞臣令尹昭阳、上官大夫靳尚，排斥左徒大夫屈原，致使国事日非。公元前313年至公元前311年，楚国三战秦国皆败，从此走向没落的道路。

可以说屈原是被结党营私的奸臣所害，而楚国的没落，是楚怀王轻信并重用结党营私的佞臣所造成的后果。

正如韩非在《南面》一篇中所说："人主释法而以臣备臣，则相爱者比周而相誉，相憎者朋党而相非。非誉交争，则主惑乱矣。"意思是，君主不依法治国，而用臣子来防备臣子，臭味相投的人就会结成私党来互相庇护，有怨恨的人就会结党来互相诽谤，那么君主就迷惑昏乱了。

子之是战国时期燕国国相，苏代是燕国的大臣。子之与苏代结为通姻亲家，又结为死党，想谋燕国大权。苏代出使齐国归来，燕王姬哙问苏代："齐王能称霸吗？"苏代说："不能！因为他不信任臣僚。"愚昧的燕王姬哙,为了表示信任臣僚，遂把朝政大权交给子之。大臣鹿毛寿又唆使燕王说："您不如把国家让给相国子之。人们之所以称道尧为贤君，是因为他把天下让给了许由，许由没有接受，因此尧有了让天下的美名而实际上并没有失去天下。如果现在您把国家让给子之，子之一定不敢接受，这就表明您和尧有同样的高尚品德。"昏庸的燕王姬哙以尧让贤为榜样，把王位让给了子之。又有大臣对燕王姬哙说："禹推荐益为接班人，又任命儿子启的属下作益的官吏。禹传位给益。然而启勾结自己的党羽攻击益，夺取君位。因此说禹明着是传位给益，实际是安排儿子启夺位。现在燕王您把国家交给子之，但官员都是太子的人，这同样是名义属于子之而实权在太子手里啊。"燕王下令收缴所有官印，把三百石俸禄以上的官职都交给子之任命。从此，子之面南称王，姬哙成了臣子。子之为王三年，百姓生活在水深火热之中，国内大乱。将军市被与太子平密谋从子之手中夺回权力。太子平组织人马，命令市被进攻子之的相府，没有攻克。国内动乱几个月，死亡达几万人，闹得人心惶惶。百姓恫恐。齐宣王令章子率领国都周围五城的军队及北方的部队征伐燕国。燕士卒不战，城门不闭。齐人捕获子之，把他剁成肉酱。燕王姬哙也同时被杀。燕王姬哙被结党营私的子之一般人哄骗，主动让出君位，成为历史笑话。

韩非在《难三》中说："知下明，则禁于微；禁于微，则奸无积；奸无积，则无比周。无比周，则公私分；公私分，则朋党散；朋党散，则无外障距、内比周之患。"意思是：洞察下面的情况，那么就可以及时抑制奸邪的苗头；奸邪的苗头得到禁止，那么奸邪的行为就不会重复；奸邪的行为减少了，结党营私的行为就受到了限制；限制了结党营私的行为，那么就能创造大公无私的局面；形成了大公无私的政治局面，就消除了结党营私的祸患。

燕国国王姬哙昏庸至极，子之和苏代结党营私的行为非常明显，他却浑然不知，而且轻信鹿毛寿等奸臣的无稽之言，将国家行政大权拱手交给子之，结果遭受身败名裂的下场，这样的结局，与姬哙没有明察和禁止臣下结党营私行为有很大关系。

东汉末年，汉灵帝倚信张让等十常侍，任其专恣蠹政，致使朝政日非，天下人心思乱，盗贼蜂起。

十常侍是指在朝廷操纵政权的张让、赵忠、夏恽、郭胜、孙璋、毕岚、栗嵩、段珪、高望、张恭、韩悝、宋典十二个宦官。他们都任职中常侍，所以被称为“十常侍”，其首领是张让和赵忠。他们结党营私，根本不把汉灵帝放在眼里。

十常侍建议汉灵帝公开买卖官爵——按官职大小，明码标价，即俸禄一百石，就交一百万钱，朝廷三公都得交钱上任，许多官员交不出钱而弃官回家。

十常侍怕皇帝发现他们的房子过分华丽，就说：“天子不可远眺，否则百姓会逃亡。”灵帝从此不再登高远眺。

十常侍玩汉灵帝于股掌之中，灵帝却恬不知耻地称“张常侍是我父，赵常侍是我母”。正直良臣进谏，谴责十常侍之过，却被汉灵帝诛杀。

十常侍自己横征暴敛，卖官鬻爵，他们的父兄子弟遍布天下，横行乡里，祸害百姓，无官敢管。人民不堪剥削、压迫，纷纷起来反抗，大规模农民起义爆发。

当时一些比较清醒的官吏，已看出宦官集团的黑暗腐败，郎中张钧在给汉灵帝的奏章中明白指出，黄巾起义是外戚宦官专权逼出来的，他说：“张角所以能够兴兵作乱，成千上万的人愿意跟着他，其根源都在十常侍，把他们的父兄、子弟、亲戚、宾客放到各州郡，独占财利，侵夺百姓，百姓的冤屈无处申诉，所以图谋不轨，聚积成为盗贼。应该杀了十常侍，把他们的脑袋悬挂南郊，以此向老百姓请罪。再派使者布告天下，这样可以不须用兵，而大寇自会消散。”

郎中张钧说中了要害，汉灵帝统治下的东汉政权之所以岌岌可危，原因就是十常侍结党营私，专横跋扈，无恶不作。

韩非在《扬榷》中说：“欲为其国，必伐其聚；不伐其聚，彼得聚众。”意思是，要想治理好国家，必须要铲除结党营私的人；不铲除结党营私的人，他们的势力就会越来越大。

子南是春秋时期楚国令尹，芈姓，字子南。有个叫观起的人，无功无劳，也没有官职，子南却非常宠信他，怂恿他非法占有为数能驾几十辆车子的马匹（无爵禄的只能占有一车一马）。这事被揭发出来后，楚国君主楚康王怒不可遏，下令处死令尹子南，并将观起车裂而死，以此警示群臣。

子南被处死后，楚康王任命症子冯为令尹。子冯在任期间，又有私宠“八人，皆无禄而多马”。子冯的党羽申叔豫预感到，这样下去，必然会重蹈前任令尹子南的覆辙，于是在公开场合再也不敢与子冯交谈，并且再三回避子冯，不敢与子冯见面。子冯追问其缘故，申叔豫说：“昔观起有宠于子南，子南得罪，观起车裂，何故不惧？”意思是，您的前任宠爱怂恿观起，导致子南被处死，观起被车裂，您难道不吸取教训吗？ 子冯听了惶恐万分，如梦方醒，立刻辞退了朋比为奸的八个人。从这件事可以看出，古代君主对结党营私的不法行为是深恶痛绝的，对其危害性有着深刻的认识。

韩非在《备内》中说：“大臣比周，蔽上为一，阴相善而阳相恶，以示无私；相为耳目，以候主隙；人主掩蔽，无道得闻；有主名而无实，臣专法而行之——周天子是也。偏借其权势，则上下易位矣。”意思是，大臣们结党营私，蒙蔽君主而串通一气；暗地里勾结在一起，而表面上却假装互相不和，以此表示自己没有私心；他们互相作为彼此的耳目，窥视君主的疏漏；君主被蒙蔽了，无法看穿他们的阴谋；君主有名而无实权，大臣控制了国家法令而独断专行，周朝天子就是这种情况。大臣篡夺了君主的实权，那么君主与大臣的位置就颠倒了。

所以要想国家安定团结，君主一定要杜绝下属结党营私。

第七讲　民尊爵而重禄

“民尊爵而重禄”是韩非的名言。意思是民众崇尚为官，看中俸禄。

要使官员不自私，不贪腐，必须高薪养廉。提高官员的俸禄，让官员看中俸禄而不想贪，这是韩非的主张。

腐败是什么意思呢？“腐”字是一个政府的“府”字，下面加一个“肉”字，“败”字是坏的意思。腐败就是政府的肉坏了。肉坏了还包得住五脏吗？所以，腐败是会亡国的。

作为一国之君，预防腐败是不可掉以轻心的大事。

韩非在《八经》一篇中指出：“任事者毋重，使其宠必在爵；处官者毋私，使其利必在禄；故民尊爵而重禄。爵禄，所以赏也；民重所以赏也，则国治。”这段话的意思是说，要让得到任用的官员把责任放在为国效力上。要让为官者不以权谋私，就要使他们的利益体现在俸禄上，让官员珍惜自己的职位和俸禄。职位和俸禄是国家对一个官员的信任和鼓励，人们珍惜自己的职位和俸禄，那么国家就能治理好。

韩非这段论述，在史上第一次提出了高薪养廉的伟大思想。他指出，官员的经济利益应体现在俸禄上，官员应该珍惜自己的职位和俸禄，要让官员充分认识到职位是自己应该珍惜的政治地位，俸禄是自己应该珍惜的经济来源。

“夫驯乌者断其下翎焉。断其下翎，则必恃人而食，焉得不驯乎？夫明主畜臣亦然，令臣不得不利君之禄，不得无服上之名。夫

利君之禄，服上之名，焉得不服？”（《外储说右上》）

那驯养乌鸦的人剪断乌鸦的翅膀和尾下羽毛。剪断了乌鸦的翅膀和尾下羽毛，那么它必然就要靠人喂养，怎么能不驯服呢？英明的君主俸养臣子也是一样的道理，使臣子不得不依赖君主给予的俸禄，不得不敬业于所授职位。让俸禄和职位成为臣子赖以生存的不二选择，让俸禄和职位在臣子心中产生极大的诱惑力，臣子怎么会不驯服呢？

这段论述进一步强调了高薪养廉的意义，为政者治国不妨参考这一反腐良策。

战国时期，公孙仪担任鲁国丞相。他特别喜欢吃鱼，一国上下能够接近他的人，都争相买来新鲜的鱼，要进献给他。但是，公孙仪一概不接受。他的部下有些不理解，对他说：“别人真心实意买来新鲜的鱼送给您，为什么不领情呢？”

公孙仪语重心长地告诫部下说：“如果我接受了别人送的鱼，就欠了别人的人情，这样下去，就会被别人利用。难免违反原则为别人办事，犯了罪，就会被免职坐牢。到那时，想吃鱼就吃不到了。如果我不接受别人送的鱼，清清白白做人，堂堂正正为官，就不会因违法而被免职，我就有足够的俸禄，长期供自己吃上美味可口的鱼。”

公孙仪清醒自律、廉洁守法的思想品格，告诉我们一个深刻的道理：依靠别人给好处，不如守住自己的俸禄稳当；让别人来监督，不如自己监督自己，保住自己的职位稳当。

齐桓公问管仲：“治理国家最担忧什么？”管仲回答说：“最担忧那钻进土地神像的老鼠。那土地神像用木料做成模型，腹中是空心的，外表涂上颜色，那老鼠钻进里面，破坏神像内部，想抓到老鼠，用火熏烤又担心烧坏木料，用水灌注又怕污损神像颜色。朝廷有的官员就是神像里的老鼠，他们利用职权搜刮钱财，他们内外勾结，侵害国家利益，这些老鼠不依法严惩，国家哪能不衰亡呢？”

管仲以土地神像比喻国家，以老鼠比喻隐藏在政府里的贪腐官员。这些贪腐官员表面上奉公守法，暗地里贪污腐化，行贿受贿，管仲说这种人是很不容易治理的。

春秋时期，有一个叫子罕的人，担任宋国司城，权力很大，主管建筑工程，制造车服器械等。有一个人得到一块非常罕见的玉石，想把这块玉石送给子罕，子罕不接受。那个人说：“难道你不喜欢宝石吗？”子罕说：“我很喜欢宝石。”那人又问：“既然喜欢，你为什么不收下呢？”子罕说：“我喜欢的宝石，不是你这种宝石。”那人问：“那你喜欢什么宝石呢？”子罕说：“我喜欢一种叫‘不贪’的宝石，我以‘不贪’为宝。”

韩非在《八奸》中说：“其于观乐玩好也，必令之有所出，不使擅进，不使擅退，群臣虞其意。”意思是：对于古董珍玩、观赏娱乐之类爱好，要有正当的来源，并具合法性，禁止私自送礼讨好君主。子罕不随便接受别人送的宝石，是廉洁自律的表现，他正确对待职权，重视爵禄，不拿自己的政治地位来与腐败堕落做交易，这是明智的选择，也是为官执政应有的品行。

如何做一个廉洁的官员呢？韩非在《饰邪》一篇中指出：“私义行则乱，公义行则治，故公私有分。”“修身洁白而行公行正，居官无私，人臣之公义也；污行从欲，安身利家，人臣之私心也。明主在上，则人臣去私心行公义。”这段话的意思是说，私利之风盛行，官场就会混乱；公益之风盛行，官场就会清洁，所以为官要公私分明。而修身养性、廉洁清白、办事公平正直、大公无私是为官的原则。贪污受贿、放纵欲望、顾小家谋私利是为官的耻辱。君主不昏庸，推行反腐倡廉，那么国家就能治理好。

韩非把大公无私视作为官原则，预防腐败要让官员重视俸禄。官员看重俸禄，就会珍惜职权，珍惜职权，就能大公无私，不贪不腐。

韩非说：“明主治吏不治民。”意思是说，英明的君主只管治理官吏，而不去直接治理百姓。把官员管好了，百姓自然就好了。该观点被中国历代君王奉为千古不变的治国之道。但这句话有对的一面，也有不对的一面。把治吏放在首位是对的，因为吏的行为对百姓有着直接的影响，吏的行为不端正，会影响到百姓的行为取向，引发社会风气的变向。把官员管好了，百姓自然就好了，这是不对的，光靠为数不多的官吏去影响百姓，成效是有限的。如果不重视对百姓的教化，不全面治理，社会风气也会变坏。当然作为政府官员的“吏”，应该起模范带头作用，这是毋庸置疑的真理。

季文子是春秋时期鲁国的正卿，公元前601年至公元前568年执政。季文子辅佐鲁宣公、鲁成公、鲁襄公三代鲁国国君。驱逐权臣公孙归父出境后，季氏成为鲁国的权贵，季文子掌握了鲁国大权。

据《史记·鲁世家》记载，季文子当政时，“家无衣帛之妾，厩无食粟之马，府无金玉”。而《国语·鲁语》说：季文子位高权重，掌握国政和统兵之权，有自己的田邑，但是他的妻子儿女却没有一个人穿绸缎衣裳；他家里的马匹，只喂青草不喂粟米。孟献子的儿子仲孙很瞧不起季文子这种做法，于是就问季文子：“你身为鲁国之正卿大夫，可是你的妻子不穿丝绸衣服，你的马匹不用粟米饲养。难道你不怕国中百官耻笑你吝啬吗？难道你不顾及与诸侯交往时会影响鲁国的声誉吗？”季文子回答：“我当然也愿意穿绸衣、骑良马，可是，我看到国内老百姓吃粗粮穿破衣的还很多，我不能让全国父老姐妹粗饭破衣，而我家里的妻子儿女却过分讲究衣着饮食。我只听说人们具有高尚品德才是国家最大的荣誉，没听说过炫耀自己的美妾良马能给国家争光。”孟献子闻知儿子仲孙羞辱季文子，怒而将儿子仲孙幽禁了七天。受到管教的仲孙，改过前非，亦效仿季文子而学之。季文子知道后说：“犯了错误能及时改正的人，就是人上人了。”于是让仲孙做了上大夫。消息不胫而走，在季文子的倡导下，鲁国朝野出现了俭朴的风气，并为后世所传颂。

据《说苑·善说》记载：卫将军文子曾问子贡“季文子三穷而三通”之事，子贡回答：“其穷事贤，其通举穷，其富分贫，其贵礼贱。穷而事贤则不侮，通而举穷则忠于朋友，富而分贫则宗族亲之，贵而礼贱则百姓戴之。”意思是：季文子宁可穷也不贪腐，富裕了而能分财于贫民，所以老百姓就希望他更为富裕；富裕而能分财于贫穷的亲族，所以族人就会拥护他。季文子执政爱民，执政为民，实行有利于民众的社会改革，推行“初税亩”，使劳作在井田上的奴隶获得解放，开垦私田的“隐民”有了鲁国户口。鲁国民众拥护支持季文子的新政策，举国称颂季文子的丰功伟绩。

季文子去世前留下遗言，要求家人用薄葬来举行葬礼。家人收集家里的器物作为陪葬品，但家中没有一件多余的器物，只好用季文子生前用过的器皿陪葬。根据大夫入殓的礼仪，鲁大夫为他入殓，鲁襄公亲自在一旁看视。发现季文子的所有陪葬品都是日常生活用过的旧物品。鲁襄公感叹道：行父“廉忠矣”。季文子当过三朝国君的卿大夫，家里竟然没有配得上大夫礼节入殓的物品，真是廉洁奉公的忠臣啊。

季文子执掌鲁国朝政三十多年，厉行节俭，开一代俭朴风气。预防腐败是一项系统工程，不是一种措施就能解决腐败问题的。除了高薪养廉之举措外，要求君主和高级官员必须从自身做起，以身作则，带头反腐倡廉。治理腐败要多管齐下，因为腐败问题多发生于暗处，不易察觉，不易拿到证据，既棘手又不得不出手。

腐败这种毒瘤不是一朝一夕就形成的，它有一个逐渐发展的过程。

商纣王也曾经是一个英明而守规矩的君主。纣王任命姬昌、九侯、鄂侯为三公。有一次，大臣费仲对商纣王说：“西伯姬昌很贤能，老百姓都喜欢他，诸侯都归附他，要把他杀掉。如果不杀他，必然成为殷商王朝的祸患。”

商纣王说：“照你这么说，姬昌既然是一个品德高尚的人，我们怎么可以杀他呢？”费仲说：“帽子虽然破旧，却要戴在头上；鞋子虽然绣有五彩，却要踩在脚下。姬昌是商王朝的臣子，理应用贤能来效劳君主，但他却施行仁义，深得民心，这必然成为祸患，不可不杀。况且君主处死臣下，是没有过错的。”商纣王说：“推行仁义道德，是朝廷的教育方针。姬昌实行仁义，是不可以杀的。”

费仲劝了三次商纣王杀掉姬昌，都没有被采纳，可见起初商纣王并不是一个腐败的君主。

商纣王刚继承王位的时候，确实并无荒淫之象，大家都认为他是个明主。可是有一天，太师萁子入宫，发现商纣王用象牙筷子进餐，感到很惊讶，就婉言劝阻。商纣王笑着说：“用了一双象牙筷子，有啥值得大惊小怪的呀？”萁子严肃地说：“你用上了象牙筷子，接着就要用玉碗玉杯；有了象牙筷子和玉碗玉杯，就想吃山珍海味；吃山珍海味，就不肯穿粗布衣服和住茅草屋了，就想穿绫罗绸缎了……”不等萁子说完，商纣王就不耐烦地说：“你老人家太富于想象力了。从一双小小的象牙筷子，就引申到君道朝纲上去啦。”随即把萁子赶了出去。萁子连声叹息道：“见微知著，奢侈闸门开了一点缝儿就难关上了。”

果然不出萁子所料，商纣王在“象箸玉杯—山珍海味—锦衣华服—高台大厦”的奢侈享乐邪道上越走越远，以致金玉珠宝、珍禽异兽山积云聚，宫殿馆阁雕梁画栋豪华无比，美女艳妇不计其数，靡靡之音不绝于耳，经常“大聚乐戏于沙丘，以酒为池，悬肉为林，男女裸相逐其间，为长夜之饮”。

生活上的荒淫腐败，必然导致政治上的倒行逆施。商纣王沉湎酒色，玩物丧志，听不进任何劝告批评，进而打击迫害正直人士，清除异己，晋用奸佞。

九侯的女儿被商纣王纳入后宫，因为不喜淫乐，商纣王就把九侯的女儿杀了，还把九侯剁成肉酱，鄂侯对商纣王的暴行说了几句，也被做成肉干，姬昌听说商纣王连杀二公后，为九侯、鄂侯二公的遭遇感到愤愤不平，暗自叹惜。这事被商纣王的亲信崇侯虎知道后，反映到商纣王那里，商纣王以姬昌同情九侯、鄂侯二公的遭遇为名，将姬昌囚禁在西伯的羑里（今河南汤阴北）。

姬昌被囚禁后，商纣王以种种野蛮手段对其进行侮辱和折磨，甚至将姬昌的长子伯邑考杀死后做成肉羹逼姬昌喝下肚。

由此可见，腐败的产生是小腐败慢慢发展成的大腐败。所以治理腐败重在预防，不能等到腐败蔓延开来才治理。预防又重在监督。治理腐败不在于发布了多少条法规，再多法规，疏于监督，等于纸上谈兵。

春秋时期，卫国国君卫嗣公为了考查官吏是否廉洁奉公，派人微服私访。被派的人乔装打扮成商人，经过关卡，关卡上的官吏刁难他，不让他过卡，假商人就给关卡上的官吏塞了些钱，于是假商人才被允许过卡。

卫嗣公了解到这样的情况后，依法惩治了关卡上的官吏，整顿吃拿卡要的贪腐之风。

春秋时期，魏国的卜皮担任县令，他的手下御史行为不端，做了一些下流肮脏的事，据说御史还包养了一个小妾。为了查明御史的犯罪事实，卜皮派另一手下少庶子假装勾引御史的小妾，从其小妾的嘴里打听到了很多御史做的肮脏事。通过进一步调查核实，御史犯罪事实确凿。御史受到了法律的制裁。

由此可见预防和惩治腐败要多管齐下，手段要多种多样，全方位打击，不留死角。

惩治腐败是各级官员义不容辞的责任，同样，不管哪一级官员都应该拒腐防变，做一个奉公守法的清廉官员。

韩非在《奸劫弑臣》中说：为官者不抛弃以权谋私的行为，其后果就像背负千金掉入深水潭，必然会沉入潭底而无法脱险；为官不清政廉洁，而心生贪赃枉法的念头，必然会像登上高山之巅又坠入深谷，永世不得翻身。平安和危险摆在官员面前，让他们选择，百官怎么会不选择平安享受爵禄，而冒险去干鱼肉百姓的勾当呢？

韩非认为，对表现优秀的官员给予升官提薪的封赏，是预防腐败的有效措施。

韩非在《显学》中说："夫有功者必赏，则爵禄厚而愈劝；迁官袭级，则官职大而愈治。夫爵禄大而官职治，王之道也。"意思是：对有功劳的人，必定要给予奖赏，丰厚的俸禄能使官员受到鼓励；提拔晋升能使官员努力做事。以提拔、提薪作为奖赏，那么官员就能克己奉公，这是治国的正道。

职位得到提拔，俸禄得到提高，这是每一个为官者的愿望。有盼头并能实现愿望，可以激发官员的上进心，可以约束官员不轻易放弃高贵而丰厚的政治经济待遇。官员有了这种心理满足，就不会冒着风险去触碰腐败的高压线，就会洁身自好而倾心于工作，争取得到提拔、提薪。

韩非说："贪如火，不遏则燎原；欲如水，不遏则滔天。"意思是：贪腐像火灾一样，不及时扑灭，火势就会越来越大；欲望就像洪水一样，不及时疏导，洪水就会狂暴肆虐。

所以，出现腐败问题应该坚决打击，决不手软。腐败这种毒瘤一旦扩散，就很难治愈。要把隐藏在官员内部的"社鼠"通通清除，才能确保江山稳固。

古代因腐败而亡国的事例不少。

春秋末期，吴王夫差在大臣伍子胥的帮助下打败了越国，越王勾践被迫求和，带着妻子前往吴国服侍夫差。但是成为阶下囚的勾践并没有忘记复仇，他听从大夫文种的建议，派人用重金美女贿赂夫差的宠臣伯嚭，收受贿赂后的伯嚭即向夫差进言，放勾践回国，并想尽办法诋毁伍子胥。最后，夫差听信伯嚭的谗言，将伍子胥赐死。伍子胥死后，吴国大权即落在伯嚭手中，勾践更是经常送珠宝美女给他，致使吴国上下贪贿，民怨四起。越王勾践则乘机伐吴，一举攻克吴郡。夫差深感愧对伍子胥，遂蒙面自杀，吴国遂亡。而多次收受勾践贿赂的伯嚭在吴灭亡后也被勾践诛杀。

公元前229年，秦国将领王翦率兵攻赵，赵王派李牧、司马尚率兵迎战。李牧是当时赵国继廉颇之后的名将。数年间，他率兵北破燕军、南拒韩魏，且几败秦军，王翦畏之如虎。

见是李牧领兵迎战，秦国深感强攻无望，于是便用重金贿赂郭开，让其设法说服赵王迁召回李牧。郭开是战国时期赵王迁的宠臣。贪婪成性的郭开收受贿赂后，诬陷李牧、司马尚等谋反，赵王迁不察真相，盲目决策，派赵葱和颜聚取代李牧、司马尚，并将李牧杀害。

李牧被杀后，王翦率秦军乘机大败赵军，俘虏了赵王迁，就这样，把赵国吞并了。

战国末年，后胜任齐王建的宰相，秦国人知道后胜贪财，便派人送重金给他。后胜的宾客、仆从也经常收受秦国的钱财。于是他们共同力劝齐王不要出兵援助其他诸侯国，致使秦国得以将其他诸侯国各个击破。

公元前221年，秦兵大举伐齐，齐国因后胜当政，政局混乱，军心懈怠，无将敢战，无人愿战。秦兵不费吹灰之力而亡齐。齐人埋怨齐王听信后胜及其宾客谗言，致使齐国败亡，就编了一首歌谣："悲耶，哀耶，亡建者胜也。"

吴国、赵国、齐国都是因为国家重臣收受别国的贿赂，直接或间接暗助别国，削弱本国实力，让别国有机可乘，从而把自己的国家推向灭亡的道路。正如韩非所说，腐败会导致亡国。

腐败这种毒瘤，不容易治理，到了中晚期，危害性就不可估量了，所以反腐败，关键在预防。在韩非看来，预防腐败最有效的措施是使用提升职务，提高俸禄的方式来奖赏官员。

英明的君主，以满足官员合理合法的欲望来鼓励他们立功，以封官许禄来勉励他们上进，建立法律制度来禁止他们犯罪。只要每一个官员都重视自己的政治经济待遇，那么他们就不想也不敢腐败了。

韩非在《外储说右下》中说：“爵禄生于功，诛罚生于罪，臣明于此，则尽死力而非忠君也。”意思是，爵位俸禄来自于业绩，受惩罚是因为自己犯罪，臣子明白这个道理，就会戒除触犯法律，为自己的名利地位而努力工作，而不是为了君主。为自己而工作，积极性是非常高涨的。为别人而工作，积极性是有限的。君主治国想要的是臣子为名利地位而努力工作这种成效，所以要注重臣子的政治经济待遇，不可把其视为不重要的事务。

综上所述，治理腐败要对官员的政治待遇公平对待，满足官员的生活待遇。预防、教育、打击多管齐下，才能收到实实在在的成效。

第八讲　愚者难说也

“愚者难说也”是韩非的名言。意思是愚昧的君主很难听得进别人的意见。

君主虚心听取各种不同的意见，才能及时发现自身的缺点和错误，才能及时察觉理政中的得失，才能不断修正治国方略，使国家沿着正确的方向迈进。

君主大多喜欢别人对他拍马溜须，不喜欢听告诫的忠言。所以昏庸的君主往往听不到真话，听到的都是一些经过加工的、很顺耳的虚假的话。听不到真实情况，就不了解国情，这是非常危险的。古代朝廷配有专门提醒、告诫国君的官员，这种官员叫谏臣。当国君出现违反国家法规，违背国家利益的行为时，及时提醒并告诫国君，以避免出现意外。国君听取提醒和告诫的意见，称之为纳谏。

作为一国之君，应该用怎样的态度来听取意见呢?

韩非在《安危》一篇中指出：“闻古扁鹊之治其病也，以刀刺骨；圣人之救危国也，以忠拂耳。刺骨，故小痛在体而长利在身；拂耳，故小逆在心而久福在国。故甚病之人利在忍痛，猛毅之君以福拂耳。忍痛，故扁鹊尽巧；拂耳，则子胥不失：寿安之术也。病而不忍痛，则失扁鹊之巧，危而不拂耳，则失圣人之意。”这段话的意思是，古代扁鹊给人治病，用刀刺入骨头。圣人挽救危难中的国家，向君主进献刺耳的意见。用刀刺骨，身体疼痛而有利于康复；忠言逆耳，心里难受而有利于救国。所以要治好重病就要忍住疼痛；要拯救危难就要听难听的话。能忍受疼痛，扁鹊才能治好其病；君主听得进逆耳忠言，就不会失去像伍子胥那样的忠臣，这是长治久安的方法。不愿意忍受疼痛，扁鹊也爱莫能助；不愿意听逆耳的忠言，圣人也无法挽救危难。

韩非这段论述，深刻地阐明了国君虚心听取意见的重要性。古代刚愎自用，不听别人意见，不听劝告的国君，为数不少。

公元前880年，周夷王去世，姬胡继位，是为周厉王。

周厉王继位后，贪图财利，亲近奸臣荣夷公。大夫芮良夫劝谏周厉王说："王室恐怕将要衰微。那荣夷公喜欢独占财利，却不知大祸临头。财物是大自然匮赠给天下百姓的，应该归天下百姓共同所有，而有人想独占它，那么祸害就会产生。天地间生成的一切事物，人人都可以分享，怎么能一人独占呢？一人独占必然招致天怒人怨，却不知防备大祸患。荣夷公用财利来引诱您，君王您难道还能长治久安吗？作为君王，应该是将财物分发给上下群臣百姓。使天神、民众和万事万物都能得到所应得的一份，就算与民众分享了财物，还要每天小心谨慎，恐怕招来怨恨。所以《颂诗》说：'我祖后稷文德盖世，功高能够与天神相配，你使民众自立生存，没有谁不以你为标准。'《大雅》上的诗篇也说：'普遍地赐福民众，成就周朝天下。'这不正是说要普遍地分配财物，而且要警惕祸难来临吗？正是因为这样，先王所以能建立起周朝的事业，一直到现在。而如今，君王您却学着独占财利，这怎么可以呢？普通人独占财利，尚且人们还称他为盗贼，如果一个君王这样做，那么归附他的人就会减少。荣夷公如若受到重用，周朝肯定要衰败。"周厉王不听劝谏，还是任用荣夷公做卿士，掌管国事。

此后，周厉王暴虐成性，奢侈专横，百姓都公开议论他的过失。大臣召公劝谏说："百姓不能忍受暴虐的政令。"周厉王大怒，找到一个卫国的巫师，让巫师来监视那些议论朝政的人，巫师告谁议论，周厉王就杀掉谁。从此，百姓没有谁再敢开口说话，路上相见也只能互递眼色示意而已。周厉王见此非常高兴，告诉召公说："我能消除百姓对我的议论，百姓再不敢有怨言。"召公说："这只是把他们的话堵塞回去而已。堵住百姓的嘴巴，要比堵住河流的害处更严重。水蓄积太多，河流一旦决口，所伤害的人一定很多；不让百姓说话，道理也是一样。所以，治水的人要疏通河流，使流水畅通；治理百姓的人要开放言论，使百姓敢说话。因此天子治理国政，要使上至公卿、下到列士都能进献讽喻朝政得失的诗篇，乐官进献反映民情的乐曲，史官进献前代得失利弊的史书，太师进献有劝诫意义的文辞，然后由盲人乐师朗诵和宣读。百官可以直接进谏言，平民则可以把意见辗转上达天子，左右近臣要尽规谏的责任，内亲外戚要考察和弥补天子的过失，乐师和太史要负责教导、诲育天子。老臣汇集、整理各方面意见，然后君王斟酌考虑衡量取舍。这样政事施行起来就很顺当，不会违背常理。百姓有嘴巴，就如同土地有山川，人类财富用度都从这里产生。百姓有嘴巴，又好比土地有饶田沃野，百姓衣服粮食也是从这里生产出来。百姓把话从嘴里说出来，善事加以推行，恶事加以阻止，这才能够产生衣食。百姓心里想什么嘴里就说什么，心里考虑好就去做。如果堵住他们的嘴巴，那么赞同你的，跟随你的能有几个呢？"周厉王仍然听不进劝阻。

周厉王的苛政，引起了民众反叛，周厉王三十七年（前843年），百姓不约而同起来反叛，袭击周厉王，周厉王逃到彘地（今山西霍县东北）。当时周厉王的太子姬静躲藏在召公家里，百姓知道后，就把召公家包围起来，召公说："先前，我多次劝谏君王，但君王不听，所以才造成这次的灾难。如果现在杀害太子，君王不会认为我把他当作仇人而发泄怨恨吗？侍奉君主的人，即使处在危险之中，也不能仇恨怨怼，即使有责怪，也不能发怒，更何况是事奉天子呢？"于是就用自己的儿子代替姬静，姬静最终免遭杀害。后来由召公、周公二位相国共理朝政，号称"共和"，史称共和行政。

共和十四年（前829年），周厉王在彘地去世。

周厉王的下场，不就是韩非所说的“危而不拂耳，则失圣人之意”最好的验证吗？

韩非在《难言》一篇中指出：“愚者难说也，故君子难言也。且至言忤于耳而倒于心，非贤圣莫能听，愿大王熟察之也。”这段话的意思是说：愚昧的君主听不进别人的意见，就是圣人也难以说服昏庸的君主。尽管说的是肺腑之言，如果逆耳不顺心，不是贤明的君主是不会接受的，望大王明鉴。

只爱听阿谀奉承、拍马溜须的好话，不爱听正确意见，拒绝劝告的昏君还有商纣王。

商朝最后一个国王商纣王嗜酒淫荡，他豢养了大批戏子和舞女，让男男女女赤身裸体，追逐戏闹，饮酒寻欢，通宵达旦。商纣王如此荒淫无度，引起众多大臣担忧。商纣王的同母兄弟微子劝他。他不予理睬。他的叔父箕子劝他，他根本不听。他的叔叔比干劝他，他杀死比干。结果，不听忠告的商纣王，最终葬送了商王朝。

商王朝的灭亡，与商纣王不听忠告有关。所以韩非说：不愿意听逆耳的忠告，圣人也无法挽救危难。所以君主要多听刺耳的话，少听甜言蜜语。要以忠拂耳，虚怀纳谏。

君主不但要多听刺耳的意见，听意见还要讲究方法。听意见的方法只有两个字：广泛。要广泛听取各方面的意见，并将所有的意见进行比较，从中选择最佳方案，这样作出的决策风险就比较小。如果只听少数人的意见，甚至只听一个人的意见，这样作出的决策就可能造成失误。正如韩非在《亡征》中所说：“听以爵不待参验，用一人为门户者，可亡也。”听意见只按爵位，对意见不加以审核检验，单单听一个人的意见，国家就有危险。

齐闵王是战国时期齐国第六任国君，齐闵王即位时，战国七雄争霸兼并的战争已日趋激烈。初出茅庐的齐闵王，雄心勃勃，急于成就功名。他希望凭借着威、宣两代赫赫霸业的余威，继续保持住东方强国的地位。

起初，齐闵王对人才还是很爱惜的，就拿他选中的妻子来说吧。齐闵王的妻子俗称宿瘤，是齐国都城郊外的一个丑女，以采桑，养蚕，缫丝为业，因为颈项下长了一个大瘤子，所以大家就称她“宿瘤女”，整天忙忙碌碌为生活操劳，年逾花信还无人问津。“瘤子”长在颈下，就是甲状腺肿大，古代医药不够发达，无法抑制，无法切除，也不明白病因。

尽管远远近近的婚龄男子，都用异样的眼光来看待宿瘤，但她却不以为意，依然我行我素地生活在自己的世界里，对周围的一切不闻不问，甚至不屑一顾。她这种与众不同的性格，引起了齐闵王的好奇，齐闵王不惜屈尊讨教。通过与宿瘤的沟通，齐闵王对她的贤德才智肃然起敬，并由敬佩而滋生爱意，不顾世人的嘲笑，毅然娶宿瘤为妻。可惜宿瘤早逝，齐闵王过早地失去了一个有力的贤内助，否则历史有可能改写。

齐国有一座高等学府，名为稷下学宫，由齐国前几任国王创建。稷下学宫是世界上第一所由官方举办、私家主持的特殊形式的高等学府。中国学术思想史上这场不可多见、蔚为壮观的“百家争鸣”，是以齐国稷下学宫为中心的，官学为黄老之学。它作为当时百家学术争鸣的中心园地，有力地促成了天下学术争鸣局面的形成。

稷下学宫在其兴盛时期，曾容纳了当时“诸子百家”中的几乎各个学派，其中主要的如道、儒、法、名、兵、农、阴阳、轻重诸家。稷下学宫在其兴盛时期，汇集天下贤士多达千人，其中著名的学者如孟子（孟轲）、淳于髡、邹子（邹衍）、田骈、慎子（慎到）、申子（申不害）、接子、季真、涓子（环渊）、彭蒙、尹文子（尹文）、田巴、儿说、鲁连子（鲁仲连）、驺子（驺奭）、荀子（荀况）等。尤其是荀子，曾经三次担任过学宫的“祭酒”（学宫之长）。当时，凡到稷下学宫的文人学者，无论其学术派别、思想观点、政治倾向，以及国别、年龄、资历等如何，都可以自由发表自己的学术见解，从而使稷下学宫成为当时各学派荟萃的中心。这些学者们互相争辩、诘难、吸收，成为真正体现战国“百家争鸣”的典型。更为可贵的是，当时齐国统治者采取了十分优礼的态度，封了不少著名学者为“上大夫”，并“受上大夫之禄”，即拥有相应的爵位和俸养，允许他们“不治而议论”，“不任职而论国事”。因此，稷下学宫具有学术和政治的双重性质，它既是一个官办的学术机构，又是一个官办的政治顾问团体。

稷下学宫发展到齐闵王时代，威宣时代的那种盛况并未减弱，各国名士云集稷下，一时学士约千余人。可齐闵王好大喜功，自以为是，不听大臣的意见，任用一些谄媚小人，而且杀害忠诚于他的人，在政策上又很暴虐，百姓早就非常怨恨。许多稷下学宫的名人对他极力劝谏，但固执的齐闵王却一再拒绝他们的良言善策。无奈之下，稷下学宫的名人们带着失望和愤懑，伤神地离开了令他们引以为豪的稷下学宫。稷下学宫出现自建立以来从未有过的冷清萧条。稷下学宫从齐闵王前期的兴盛到后期的衰亡，最终导致齐闵王被奸臣淖齿所杀。

悲剧的产生，主要是由于后期的齐闵王，刚愎自用、骄横跋扈、穷兵黩武、拒听谏言、任用奸相、不讲策略，致使君臣不和、百姓离心、内外树敌、矛盾尖锐。

韩非在《解老》中说：“议于大庭而后言则立，权议之士知之矣。”广泛听取大众的意见，善于权谋的人都懂得这个道理。稷下学宫人才济济，各家各派都有，是听取意见的最理想场所，可惜齐闵王只听淖齿一个人的意见，拒绝稷下学宫众人的良言善策，自己吞下自酿的苦酒。

春秋战国时期最能听取逆耳忠言的君王要数齐国国君齐景公了。

齐国国君齐景公喜欢游山玩水，有一次，齐景公到渤海游玩，渤海的美景让他陶醉，流连忘返。他向随行的大臣说：“谁敢提议返回朝廷的，就地处死！”

看到国君贪图享乐，不理国事，大夫颜涿聚冒死进谏。颜涿聚对齐景公说：“大王在此乐不思返，如果有奸臣图谋造反，到时候就再也享受不到快乐啦!”齐景公说：“我已经下令劝我回朝的处死，如今你违反了我的命令。”于是齐景公拿起长戈要杀颜涿聚。颜涿聚说：“从前夏桀杀忠臣关龙逢，商纣王杀忠臣比干，现在大王要杀我，就让我成为第三个忠臣吧。我是为了国家，不是为了我自己。”

于是颜涿聚伸出脖子，对齐景公说：“大王请杀吧。”齐景公猛然清醒，丢下长戈，下令回朝。过了三天，果然得到有人想趁齐景公不在朝廷之机，企图谋反的消息，非常危险。齐景公能够听从逆耳的忠告，才有幸化解了一场危机。

齐景公爱喝酒，有一次，他连喝七天七夜不停止。大臣弦章上谏说：“君王已经连喝七天七夜了，请您以国事为重，赶快戒酒；否则就请先赐我死吧。”另一个大臣晏子后来觐见齐景公，齐景公向他诉苦说：“弦章劝我戒酒，要不然就让我赐死他；我如果听他的话，戒了酒，以后恐怕就得不到喝酒的乐趣了；不听他的话，他又让我赐死他，这可怎么办才好？”晏子听了便说：“弦章遇到您这样宽厚的国君，真是幸运啊。如果遇到夏桀、商纣王这样的昏君，早就没命了。”听了晏子的话，齐景公真的戒了酒。

齐景公是一位明君，他愿意并善于听取别人的意见，所以能够及时化解危机。

古代还有一位虚心听取意见的大臣，名叫赵鞅，也叫赵简子。赵简子是春秋时期晋国大夫，是一位杰出的政治家、改革家。

赵简子位高权重，有时候也难免忘乎所以，但只要别人提的意见是正确的，他都虚心接受。

有一次，邯郸的百姓，在正月元旦这一天将他们捕获的斑鸠鸟进献给赵简子。赵简子很高兴，重重地奖赏了他们。门客问赵简子这样做的原因。赵简子说："在正月元旦这天将猎物放生，是表示（对斑鸠）有恩德。"门客说："百姓知道您要将猎物放生，所以争相猎取它们，反而使它们死了很多。如果您想放生，不如禁止百姓捕猎它们。捕猎之后再将其放生，恩德补偿不了犯下的过失。"赵简子说："你说的对。"于是下令禁止百姓捕猎斑鸠。

还有一次，赵简子外出打猎，猎场上突然出现一个外出耕种的农夫，农夫惊动了猎物，赵简子很生气，命令身边的随从向农夫射击。随从郑龙说："我们的先帝晋文公讨伐卫国的时候，不曾轻易杀人，而您却在打猎的时候想射杀一个普通百姓，简直如同虎狼一般。"郑龙的话对赵简子震动很大，他感慨地说："别人打猎得到猎物，而我打猎却得到贤士。"爬树爬得越高越感觉到害怕，人的官职越高越要谨慎办事。赵简子立刻阻止了射杀农夫的残暴举动。

人难免犯错误，君主高官也不例外。善于听取劝告，有错能改，才能避免犯大的错误。

韩非在《内储说上七术》中说："一听则愚智不分，责下则人臣不参。"意思是：只听一次汇报不一定能分辨是非曲直，不了解清楚实际情况就随便批评，臣下就不敢再反映情况或提出诚恳的意见。

听取意见要多方面多层次，情况复杂时还要反复听，要听取不同的意见，不能只选好听的听。

"人情皆喜贵而恶贱"是韩非说的。意思是人都喜欢听好听的事情，不喜欢听不好听的事情。作为一国之君，应该既听好消息，也听坏消息，这样才不会受蒙蔽。

韩非在《难三》一篇中提到：鲁国国君鲁穆公喜欢听好人好事，不喜欢听坏人坏事。子思与鲁穆公交谈时，只说好人好事不说坏人坏事，鲁穆公就与子思亲近。子服厉伯与鲁穆公交谈时，向鲁穆公真实地反映了一些不好的信息，鲁穆公听了不高兴，从此便疏远子服厉伯。鲁穆公爱听好消息，不爱听坏消息的品性，使得下臣都不敢向他报告坏消息，就连季氏图谋犯上作乱这样的重要情况都没有人向鲁穆公报告，导致了鲁国君主被挟持的事件发生。

韩非举这个例子，提醒君主不要只听好消息不听坏消息，作为一国之君，要以国家利益为重，既要听好消息，也要听坏消息。多听坏消息，才能有所借鉴和防备，否则危险逼近时还蒙在鼓里。

战国时期，齐国军队进攻宋国，宋王派探马前去侦察敌情。探马回来报告说："齐军已经逼近都城了，城里的百姓们都很恐慌。"探马的话刚落，宋王左右的亲信们纷纷对宋王说："这是谎报军情！我们宋国强大，齐国弱小，怎么可能出现这种情况呢？"宋王听了大臣们的议论，勃然大怒，下令处死探马。接着，宋王又派了一个探马前去侦探。不料回报和第一个一样，宋王又恼怒地把第二个探马杀了。这样，一连杀了三个如实报告军情的探马。后来，又派了第四个探马前去侦察，侦察到的情况与前三个探马侦察到的情况一样，齐军已经逼近都城。这时，探马遇见了他的哥哥。哥哥问："国难当头，危在旦夕，你这是往哪儿去呢？"弟弟回答说："我奉大王之命，前去侦察敌情。想不到齐军已经逼近。前几个探马都因为报告实情而被处死。现在，我据情实报是死，不据情实报，恐怕也是死，你看怎么办好呢？"他哥哥说："既然据情实报会被处死；不如谎报，得到奖赏后就逃走。"于是，这个探马报告宋王说："连齐军的影子也没见到，老百姓人心安定。"宋王听了，非常高兴。他左右的亲信们都得意地说："前几个探马真是该死!"宋王赏赐了这个探马很多金子。不久，城门外齐兵旌旗如林、杀声震天。宋王看到大势已去，悔之莫及。

只爱听好消息，不爱听坏消息，就是这个下场。君主要善于听取各种各样的意见和消息，听到好消息要加以检验，听到坏消息要加以证实，消息无论好坏，对决策者都有参考价值。

春秋战国时期，齐国大臣邹忌是一个美男子，身高八尺，容光焕发。城里还有一个美男子，名叫徐公。有一天，邹忌问妻子："我与徐公相比，谁帅？"妻子说："当然是你帅啦，徐公哪里比得上你呢？"邹忌不信，又去问小妾，小妾还是说邹忌比徐公帅。第二天，有客人到访，邹忌又问客人："我与徐公相比，谁帅？"客人说："徐公没有你帅啊。"又过了一天，徐公到邹忌家拜访，邹忌仔细打量徐公，觉得自己根本没有徐公帅。

上朝时，邹忌对国王齐威王说："论相貌和身材我都比不过徐公，但我的妻子偏爱我、我的小妾惧怕我、我的客人有事求我，所以他们都说我比徐公帅。大王是一国之君，宫中姬妾没有不偏爱大王的，朝中大臣没有不惧怕大王的，所以既使大王有过错，他们也会说大王的好话。"

听了邹忌的一席话，齐威王马上意识到只有多听反面的意见，多听不好的消息，才能真实地了解国情，修正决策上的失误。于是，他下了一道命令：所有臣民，能够当面批评我的过错的，给予一等奖赏；通过书信，向我提意见的，给予二等奖赏；在公共场合，讽刺批评朝政的，给予三等奖赏。命令下达后，朝廷门庭若市，前来反映问题、提意见的人络绎不绝。

齐威王广开言路，对臣民反映的情况，无论是正面的意见，还是反面的意见；不管是好的消息，还是坏的消息，都来者不拒，都给予鼓励，从而发现了治国的许多积弊。齐威王根据臣民的意见，改革弊政，整顿吏治，使齐国国力强盛，国泰民安。

韩非在《说难》中指出："夫龙之为虫也，柔可狎而骑也；然其喉下有逆鳞径尺，若人有婴之者，则必杀人。人主亦有逆鳞，说者能无婴人主之逆鳞，则几矣。"

这段论述的大意是，龙喜欢别人顺着它的鳞片抚摸，如果逆鳞而上，必然龙颜大怒。龙身上有一个逆鳞区，这个逆鳞区就在龙脖子下面，有三片逆鳞。人顺着它的鳞片抚摸时往往忘记了这里还有三片逆鳞，如果触摸到三片逆鳞，龙体感觉疼痛，岂止是龙颜大怒，还会招来杀身之祸。

韩非用龙来比喻爱听好话，爱听好消息的君主，这种比喻恰到好处。爱听好话，爱听好消息的君主不止前面提到的宋王，还有不少，这种偏好，只有害处没有好处。

公元前406年，魏国灭了中山国，中山国成了魏国的诸侯国。魏文侯虚心听取翟璜的意见，派李兑（即李悝）治理中山。韩非在《难二》中说：“李兑治中山，苦陉令上计而入多。李兑曰：‘语言辨，听之说。不度于义，谓之窕言。无山林泽谷之利，而入多者，谓之窕货。君子不听窕言，不受窕货。’”说明李悝在中山国采取了减轻民众税收负担的财政政策和“不听窕言，不受窕货”的用人政策。当时中山国有个县叫苦径县，土地贫瘠，资源匮乏，年终时苦径县的县令向李兑汇报经济情况，这位县令尽拣好听的话说，夸大苦径县的经济收入。李兑听了很生气，讥讽道：“说得相当动听，让人听了心情舒畅。但是我不听妖艳的语言，不接受吹嘘的产量。你被免职了。”李兑毫不客气地把吹牛的县令给免了。像李兑这样不爱听好话，不爱听好消息的官员不多，只有坚持实事求是的作风，才能确保国富民强，为政者都像李兑那样，国家的政治、经济改革就顺利得多。

韩非在《八经》中说：“明主之道：已喜，则求其所纳；已怒，则察其所构；论于已变之后，以得毁誉公私之征。”意思是：君主听到能让自己高兴的言论，要核查这言论为什么让自己高兴；听到能让自己愤怒的言论，要核查这言论为什么让自己愤怒。要分析这种能改变自己情绪的言论，以分辨言论是为公还是为私。也就是说，听到好消息，要审查是否真的好；听到坏消息，要审查是否真的坏。君主能分辨并舍弃虚假空乏的论调，奸诈的行为就难以施展了。

作为一国之君，不能光听好话，光听好消息。好消息要听，不好的消息也要听，只有广开言路，采纳群言，才能革除弊端，实现强国的梦想。

当然，虚心听取各种不同的意见，有利于改进工作中的失误，有利于实施正确的方针和政策，这是无可置疑的。但也不能不分是非曲直，什么意见都不加分析，不加核实就信以为真，这样很容易被奸人蒙蔽。

“言必有报，说必责用也”是韩非说的。意思是，君主对下面的言论要加以核实，捏造事实欺骗君主的要追究责任。

嘴巴可以杀人，而且杀了人之后，嘴巴不留任何血迹。嘴巴杀人不见血的秘密在哪里呢？嘴巴利用谗言杀人，什么叫谗言，谗言就是挑拨离间的语言，诽谤的语言。

韩非在《八经》一篇中指出：“听不参，则无以责下；言不督乎用，则邪说当上。”意思是说：听取言论不加检验，不是反映情况者的错，而是听者的错。对歪曲事实的言论不明察，颠倒是非的言论就会蒙蔽君主。

这段论述，韩非旨在提醒君主，不要偏听偏信一面之词，要小心防范心存不轨，挑拨离间的小人。

春秋时期，叔孙氏是鲁国的丞相，他手下有一个大臣名叫竖牛，深得叔孙氏宠爱，专门为叔孙氏传达命令。竖牛这个人阴险毒辣，善于使用谗言杀人。叔孙氏有个儿子叫壬儿，竖牛妒忌他并想杀了他。按规定，没有国王的召见，小孩是不能随便进入王宫的。竖牛把壬儿骗入王宫，并用花言巧语骗取国王赏给壬儿一只宫廷玉环。壬儿不敢佩戴国王赏赐的玉环，便让竖牛去请示父亲叔孙氏。竖牛欺骗壬儿说：我已经替你请示过了，你父亲让你佩戴。壬儿放心地把玉环佩戴在身上。竖牛背地里对叔孙氏说：“壬儿很聪明，为什么不带他去见国王呢？”叔孙氏说：“小孩子哪能随便见国王呢。”竖牛说：“壬儿已经私自去见国王了，国王赏赐给他一只玉环，壬儿佩戴在身上。”叔孙氏把壬儿叫来，果然见壬儿佩戴有一只宫廷玉环。叔孙氏大怒，不问青红皂白，下令杀死儿子壬儿。竖牛只是动动嘴巴就把壬儿杀了，可见谗言有多可怕。这还不算，竖牛借刀杀了壬儿，又预谋杀害叔孙氏的另一个儿子丙儿。

叔孙氏铸了一口钟，这口钟只有举办大型活动时才能敲，平时不能随便敲。竖牛故意唆使丙儿敲钟，丙儿不敢擅自敲钟，便让竖牛请示父亲叔孙氏，竖牛没有请示，又欺骗丙儿说："已经请示过了，让你敲钟。"丙儿不知竖牛骗自己，把钟敲响。叔孙氏听到钟声，追问是谁所为，竖牛说："是丙儿擅自敲钟。"叔孙氏怒把丙儿逐出家门。丙儿流浪到了齐国，一年后，叔孙氏让竖牛去召丙儿回国，竖牛到外面转了几天，并没有去召丙儿，而后回来报告说："我去召丙儿，丙儿记恨丞相，不肯回来。"叔孙氏大怒，派人潜入齐国，杀死了自己的儿子丙儿。

叔孙氏轻信竖牛"杀人不见血"的谗言，错误地冤杀了自己的两个儿子。阴险毒辣的竖牛不用亲自动手，就凭着一张破嘴，使用谗言，轻而易举地除掉了叔孙氏的两个儿子，夺取了独自亲近丞相叔孙氏的特权。两个儿子死后，叔孙氏悲伤过度，病倒了。竖牛以让丞相安心养病为由，撤走所有侍卫，不许任何人见叔孙氏，把叔孙氏活活饿死在病床上。叔孙氏死后，竖牛偷走相府里所有珍宝，逃到齐国享福去了。

这一切都是叔孙氏轻信谗言而酿成的后果。叔孙氏不调查核实就相信了竖牛的话，可见人很容易被熟人，特别是身边的人欺骗，这是人性的一大弱点，为政者必须引以为戒。

韩非在《南面》中说："人主有诱于事者，有壅于言者，二者不可不察也。"意思是君主有被事情诱惑的，有被言语蒙蔽的，这两种情况不可不加以审察。

鲁国第十三代国君鲁惠公死时太子允还年幼，于是由隐公代管国家事务。公元前712年冬，鲁国大臣公子挥来见隐公，他神秘地屏退左右，然后对隐公说："主公掌管了这么多年国事，国家非常安定，老百姓也都非常富足，满朝文臣武将没有不听从您的。现在太子允已经长大了，依我看，最好让我趁早为您把太子允除掉，您好安安稳稳地继续当您的国君，也让我当个太宰，好吗？”鲁隐公听了，非常惊愕地说：“你怎么会有这样的想法呢？太子允要当国君是先君的命令呀！我不过是因为太子允年幼的缘故，才代他做了十几年的国君，现在太子允确实已经长大了，所以我正在菟裘那个地方修建房子，将来好在那里养老送终。至于国君之位，我已经决定还给太子允了。”

公子挥害怕公子允听到这个事之后杀了他，反而向公子允说隐公的坏话，诬陷隐公想要除掉公子允。公子允信以为真。同意公子挥的请求，让他去杀隐公。有一天，鲁隐公去神园祭拜，祭拜完就住在附近大臣蔿氏家里。公子挥就趁机率兵把隐公给杀了，并把杀害隐公的罪行嫁祸于大臣蔿氏。公子允（鲁桓公）上台后，以弑君的罪名把蔿氏给杀了。

不加审察就轻信谗言，很容易被人利用，错怪甚至错杀无辜的人。公子允轻信公子挥的谗言，杀害了鲁隐公。

春秋战国时期，郄宛被派到令尹府，侍奉楚国令尹子常（令尹：楚国官名，掌管军政大权，相当于丞相）。郄宛工作踏实，任劳任怨，深得令尹宠爱。令尹的亲信费无极十分妒忌，费无极心生一毒计，他唆使郄宛宴请令尹，并对郄宛说：“令尹特别喜欢兵器，你在宴会厅及大门外摆放一些兵器，令尹一定很高兴。”郄宛信以为真，按照费无极的交代，在宴会厅及大门外摆放了很多兵器。受到邀请，令尹前往郄宛家赴宴。当他快要走到郄宛家时，看见到处都是兵器，大吃一惊，问道：“这是怎么回事？”费无极答道：“郄宛图谋不轨，这里很危险，赶快离开。”令尹轻信费无极的挑唆，以为郄宛要在宴会上暗杀他，怒不可遏，调来兵马。郄宛还不清楚怎么回事，就被杀死了。

谗言不是刀，却比刀锋利一百倍；谗言不是药，却比砒霜毒一百倍。作为一国之君，千万不能轻信谗言，对任何是非不明的言论都要加以审察，核实，决不可以偏听偏信。

如何防备谗言危害呢？韩非在《奸劫弑臣》一篇中说：“人主诚明于圣人之术而不苟于世俗之言，循名实而定是非，因参验而审言辞，是以左右近习之臣，知伪诈之不可以得安也。”意思是说：君主要明察而不轻信虚假的言论，依据事实来分辨是非曲直，凭借事实来检验言论正确与否，让不讲真话的人没有可乘之机。

韩非还说：“主道者，使人臣前言不复于后，后言不复于前，事虽有功，必伏其罪，谓之任下。”“主道者，使人臣必有言之责，又有不言之责。”“人主使人臣，言者必知其端以责其实，不言者必问其取舍以为之责，则人臣莫敢妄言矣，又不敢默然矣，言、默则皆有责也。”（《南面》）

假如臣下前面说的话与后面说的话不符，或者后面说的话与前面说的话不符，尽管事情办好了，也要追究说话者的责任。要使臣下对自己所说的话负责，对应说而不说负责。必须要对进言者所说的话是否符合事实进行问责，对不进言者为何不说进行问责，那么臣子对说与不说都有责任担当了。

君主的决策对民众影响很大，所以要多听取各方面的意见，好听的意见要听，刺耳的意见也要听，听意见还要去粗取精、去伪存真，不能随心所欲。

江乙作为魏国的使臣，出使楚国。他与楚国国君会谈时，向楚王提出了一个问题，江乙说：“听说贵国有这样的习俗，君子不掩盖别人的美德，但也不谈论别人的恶行，是这样吗？”楚王说：“是啊！”

江乙说：“我知道一个人有阴谋，既然楚王不喜欢谈论别人的恶行，那我就不说了。”楚王焦急地问：“什么阴谋？”江乙说：“你们楚国不是不让说别人的坏话吗？”楚王说：“这事非同小可，您但说无妨。”江乙这才说：“如果大王不让我说，我就不必向大王报告白公图谋造反的事了。因为贵国不能谈论别人的恶行，所以我不报告就是尊重贵国的风俗习惯，我也不用担心不报告会获罪了。”楚王一听有人图谋造反，急迫的向江乙了解详细情况，并作出了镇压的部署。

韩非在《南面》中说：“主道者，使人臣必有言之责，又有不言之责。”意思是：君主要使臣下负有说话不当的责任，又负有该说不说的责任。说话背离事实，前后矛盾，言者必须为其不当言论负责；用沉默来逃避责任，以保其官位，不言者必须为其该说不说负责。像楚国那样，不能谈论别人的恶行，那么上层就很难了解到下层的真情。如同白公造反的事，知道也不向上报告，多危险啊。所以不符合国家利益的习俗，必须破除。

正如韩非在《备内》中说：“明王不举不参之事，不食非常之食；远听而近视以审内外之失，省同异之言以知朋党之分，偶参伍之验以责陈言之实；执后以应前，按法以治众，众端以参观；士无幸赏，赏无逾行；杀必当，罪不赦，则奸邪无所容其私。”意思是：圣明的君主不采纳没有经过核实的意见，不偏听好听的言论；既关心外界的民情，也关注内部的实情，以纠正工作中的失误；既听正面的意见，又听反面的意见，以辨别真伪虚实；或反复听取意见以去伪存真，用结果来评判言论的真假，依法端正言论；弄虚作假要严惩，那么奸邪之人就没有可以蒙混的隐私了。

第九讲　群臣见素，则大君不蔽矣

"群臣见素，则大君不蔽矣"是韩非的名言。意思是，众臣都说真话，君主就不会被蒙蔽了。君主想听到真话，就不能随意暴露自己的情感，也就是说，要把自己的爱好掩饰起来，不要让别人知道自己的欲望。

人都是有偏好的，君王也不例外。有的君王好色，有的君王好酒，有的君王喜欢游山玩水。君王的爱好往往容易被人利用，所以作为一国之君，不能随便暴露自己的爱好。

韩非在《二柄》一篇中指出："人主不掩其情，不匿其端，而使人臣有缘以侵其主，则群臣为子之、田常不难矣。故曰'去好去恶，群臣见素'。群臣见素，则大君不蔽矣。"这段话的意思是说：君主不掩饰自己的爱好，下属就会迎合君主，投其所好，腐蚀君主。于是像子之、田常那样篡权的事情就很容易发生。所以说，君主不随意表露自己的好恶，群臣就不会上行下效，那么君主就不会被蒙蔽了。

韩非这段论述，精辟地揭示了君主表露个人爱好的危害性。

战国时期，齐国国君齐桓公很喜欢穿紫色的衣服，在很多场合他都穿紫色的衣服。于是齐国上下流行穿紫色的衣服，一时间齐国市场上紫色的布料紧缺，用五匹其他布料换一匹紫色的布料都换不到，而且紫色的布料价格疯涨，严重搅乱了市场秩序。齐桓公非常担忧，他对管仲说："我喜欢穿紫色的衣服，全国的老百姓都效仿，并且造成紫色布料价格昂贵，该怎么消除影响呢？"管仲说：

“想制止这种情况恶化，你就别再穿紫色的衣服，发现有人穿紫色的衣服，你就说：‘紫色的衣服味道很难闻。’”于是齐桓公接受管仲的建议，放弃了穿紫色衣服的爱好。结果，当天朝廷就没有人穿紫色的衣服了。

可见，君主的一言一行都在影响着国民。所谓上行下效就是如此。

《墨子》一书记载：“昔者楚灵王好士细腰，故灵王之臣，皆以一饭为节，胠息然后带，扶墙然后起。比期年，朝有黧黑之色。”从前楚灵王喜欢细腰之人，所以灵王的臣下就吃一顿饭来节食，吸一口气然后才系上腰带，扶着墙然后才站得起来。一年之后，朝廷之臣都（饥瘦得）面有黄黑之色。《战国策》也有记载：楚国的士大夫们为了细腰，大家每天都只吃一顿饭，所以，饿得头昏眼花，站都站不起来。坐在席子上的人要站起来，非要扶着墙壁不可，坐在马车上的人要站起来，一定要借力于车轼。谁都想吃美味的食物，但人们都忍住了不吃，为了腰身纤细，即使饿死了也心甘情愿。

“楚王好细腰，宫中多饿死”，成为广为流传的历史典故。因为君主喜欢腰细的人，为了得到楚灵王的宠幸，所以大臣们都节食减肥。有的大臣为了变成细腰的身材，原本健康壮实的体格，硬要把自己整得面黄饥廋。楚灵王有如此荒唐的爱好，还将这种爱好表现在对大臣的信任上，这完全是以一己之欲置国民利益而不顾，可以想象，面黄饥廋的大臣会有多少精力用于国事上呢。

君主的爱好，对世人影响很大，不可不检点。所以韩非强调，君主不能把自己的个人欲望表现出来。

君主过分沉溺于个人爱好，不但会误导民众，还会因沉迷而疏于政务。

有一次，卫国国君卫灵公出访晋国。走到濮水边上一个叫桑间的地方时，天色已晚，他们就在附近的驿馆里住下来。夜半时分，卫灵公忽然听到濮水上有人弹琴，琴声时隐时现。卫灵公想，在宁静的夜晚，面对波光粼粼的濮水，赏月听琴，真是一件美事。卫灵公于是问左右侍从可否听到琴声，但出乎意料，竟没有人听到有什么琴声。卫灵公十分生气，命令把乐师师涓找来。师涓匆匆赶来，问有什么事情吩咐。卫灵公说："我明明听见有人弹琴，可是问左右却都说没听见，大概是他们耳朵有问题。我要你听了后把它记下来，然后弹给我听。"师涓马上答应："是。"就在琴桌旁坐了下来，伏耳静听。卫灵公和侍从们都去睡了，师涓还正襟危坐在窗前。第二天一大早，师涓就告诉卫灵公说："我已经记下了那支乐曲，只是还需要加以练习。请再住一天吧。"卫灵公表示同意。过了一天，师涓就将乐曲弹给卫灵公听，竟然弹得和卫灵公在濮水上听到的一模一样。卫灵公大悦。到了晋国，晋平公设宴招待他们。酒过三巡，卫灵公得意地对晋平公说："我这次来，带来一首新的乐曲。现在，让我的乐师师涓为您演奏吧。"平公答应道："好。"师涓马上理好琴弦，在众人面前绘声绘色地弹起了刚刚从濮水上学来的琴曲。才弹了一半，就见晋平公的乐师师旷激动得站起来，一把捂住师涓的琴弦说："这可是亡国之音，不能听的呀。"一句话使得在场众人面面相觑，他们不知道师旷为什么要这样说。晋平公问师旷："这是从何说起呢？"师旷说："这首乐曲是殷纣王时流行的'靡靡之乐'，是师延所作。殷纣王整日耽于酒色，沉湎于这种音乐之中，生活腐败，不问政事，最终亡了国。殷纣王死后，师延抱着琴逃到了濮水边上，有人看见他投水自杀了。师涓，你一定是在濮水上听到这支乐曲的吧？"师涓诧异地点点头。晋平公却满不在乎地说："我已经老了，生平喜欢的就是音乐。你就放开手，让师涓把曲子弹完吧。"师旷无法，只得抬手，让师涓继续演奏。曲终，师旷说："这种靡靡之乐柔弱不振，殷纣王因为听它而亡了国。主公应该引以为鉴，切不可重蹈纣王的覆辙啊。"

卫灵公和晋平公为了满足个人偏好，对乐曲不加选择，危害有二，过分沉迷不能自拔，荒废政务；消磨意志，失去进取心。

韩非在《外储说右上》中说："其无欲见，人司之；其有欲见，人饵之。"意思是：君主没有欲望显露出来，人们就会伺机窥探；君主有欲望显露出来，人们就会用饵引诱。

卫灵公对音乐的爱好几乎到了痴迷的程度，师涓每有新作，一定先来宫内演唱（奏）给灵公听。遇有卫灵公特别感兴趣的作品，甚至可以连续演唱、演奏几天。演奏结束时卫灵公还给以优厚奖励。卫灵公这种不务正业的偏好，引起宰相遽伯玉的担忧。有一天，遽伯玉上奏卫灵公说，师涓献给君王的音乐都是一些靡靡之音，邪恶放纵之调，他不歌颂君王的文治武功，反而唱一些民间百姓庸俗之事。还说师涓所造新乐破坏了古乐"雅""颂"的雍庸和鸣、修身养性，如继续演奏下去必然官序贵贱不能各得其宜，长幼尊卑不能备安其位，建议君王立即废止。卫灵公听得有些心烦，当即驳斥道："遽爱卿，你不觉得说得有些过分吗？师涓所造新乐立意新颖，曲调活泼，节拍变化有序，孤王听了快意油然而生，众卿听了神采奕奕，这样的音乐有什么不好？"遽伯玉听了这一番训斥，心里十分无奈。

为了阻止卫灵公沉迷音乐，不理朝政的行为，遽伯玉命令士兵来到师涓住处，对师涓说："你可知罪？"师涓不解地问道："我师涓何罪之有？"遽伯玉说："你乱造新乐，迷惑圣上，罪过还小吗？"然后命令士兵把所有乐谱、乐器，统统烧掉。遽伯玉还限令师涓三日内必须离开京都。

爱好音乐不是坏事，但作为一国之君，对自己的个人爱好，玩起来要有个度，玩到影响正常工作，就是失职了。而对于宫廷乐师师涓来说，尽职尽责无可厚非，但一味迁就国君，致使其不能自拔，那就是罪过，作为大臣，音乐和国家大事孰轻孰重，应该有所掂量，不能轻重倒置，妨害公务。

韩非在《主道》一篇中指出：“君无见其所欲，君见其所欲，臣自将雕琢；君无见其所意，君见其意，臣将自表异。故曰：去好去恶，臣乃见素。”这段话的意思是说：君主不要表现出自己的欲望，表现出自己的欲望，下属就会千方百计满足君主的欲望，进而谋取私利。君主不要表现出自己的意愿，表现出自己的意愿，下属就会千方百计迎合君主的意愿，从而达到个人目的。所以君主隐匿好恶，掩其情欲，群臣才会安分守己。

秦武王，战国时期秦国国君，公元前310年至公元前307年在位。秦武王生来有神力，自幼身高体壮，勇武好战，喜好跟人比角力，而且大张旗鼓地宣扬自己的爱好，大力士任鄙、乌获、孟说等人都因此受到重用。据说，周朝有夏朝大禹治水以后所制造的九鼎。秦武王一生的愿望就是想去洛阳看看周朝的都城，看看心驰神往的九鼎。

公元前307年，秦国派兵攻打宜阳，攻占了以后，秦武王就迫不及待地前往周朝太祖庙去观看九鼎。一眼看见大鼎，秦武王就压抑不住内心的兴奋，于是就对四周的人问：“你们有人举起来过这个鼎吗？”大臣们都面面相觑，茫然不知作何回答。看守大鼎的人答道：“这个鼎重千钧，哪里有人举得起来？”秦武王得意地笑了笑，又问手下的一个大力士孟说能不能举起来。孟说见大王开口，也想在大王面前显摆一下，于是毫不推辞地说：“容属下试试！”说完一步跨上前，系好腰带，气运丹田，用力一举，大鼎果然举起来了，但是孟说已经支撑不住，于是连忙放下了大鼎。秦武王看见孟说把鼎举了起来，自己也不能在众人面前丢脸呀。于是也上前一步，运气提神，然后用尽全身的力气把大鼎举了起来。他正想移动几步摆摆威风，却突然失去重心，身子一歪，大鼎呼地落了下来，正好砸在秦武王脚上。秦武王的脚顿时血肉模糊，血流如注，秦武王当场晕厥过去。大臣们赶紧派人进行抢救，但是为时已晚。因伤势过重，秦武王一命呜呼，时年二十三岁。

秦武王即位的时候秦国局势非常稳定，只要励精图治定然可以再创太平盛世。但是爱好没有选择好，而且把爱好置于国家大事之上，这时不可取的。爱好研究治国之道，无可非议，偏偏喜欢比力气、举大鼎，结果一失足成千古恨。国君“举鼎而亡”的典故被后世传为笑话。

韩非在《二柄》中说：“君见恶，则群臣匿端；君见好，则群臣诬能。人主欲见，则群臣之情态得其资矣。”

在治国理政中，特别是在选人用人的重大问题上，君主不能随便表露自己不成熟的用人倾向，不能凭感情、凭兴趣、凭爱好使用人才，一定要坚持法定的用人原则，不能随心所欲、朝三暮四使用人才。否则，那些想通过仕途报效国家的人，就会捕风捉影，见风使舵，君主喜欢用什么人，他们就盲目地模仿什么人，本来纯朴诚实的人，就会变成随波逐流的人。

有一个叫王登的人，担任赵国中牟县县令，他向赵国君主上奏说：“中牟县有中章、胥己两个读书人，他们学识渊博，勤于修身，为什么不让他们出来做官呢？”赵国国君赵襄子连考察都没有考察，就随口说：“你看中的人，就是我看中的人，我打算任命他们为中大夫。”

身边的大臣提醒说：“中大夫是国家的重要官员，他们两个无功受禄，这不符合国家用人规定。君主您只是听说而没有实际考察他们的才能，这样用人不妥。”赵襄子说：“王登是我亲自考察过的人，他选的人和我选的人是一样的。”

这两个读书人的任命下达后，中牟县的年轻人看到两个读书人平步青云，由平民百姓一下子就当上了国家的大官，他们误认为国君偏好读书人，只要读书就可以轻而易举地当上朝廷大官，于是几乎所有的年轻人都放下原来的职业，纷纷弃工弃农，研读典籍，企盼有一天也能当上中大夫。

赵襄子这种随心所欲，简单草率的用人倾向，误导了众多年轻人，不但坑害了这些年轻人，还让许多人对国家的用人政策产生了误解，是对国家利益的严重侵害。

所以君主不能公开表露出对事物的厌恶。随意表露自己的厌恶，奸臣就会掩盖自己被厌恶的劣迹，蒙蔽欺骗君主。君主也不能公开表露出对事物的偏好，随意表露自己的偏好，奸臣就会利用君主的偏好，奉承麻痹君主。

君主过分沉溺于爱好，不但会误国，还会亡国。

古人言："玩物丧志。"过于沉迷所玩赏的事物就会丧失积极进取的壮志，春秋时期卫国君主卫懿公爱好养鹤。宫庭里到处都养有丹顶鹤。许多人投其所好，纷纷进献丹顶鹤。卫懿公把鹤编队起名，由专人训练它们鸣叫，训练它们跳舞。他还把鹤封予官品，供给俸禄，上等的供给与大夫一样的俸粮，养鹤训鹤的人也均加官进爵。每逢出游，其鹤也分班随从，前呼后拥，有的鹤还乘有豪华的轿车。为了养鹤，每年耗费大量的资财，为此向老百姓加派粮款，民众饥寒交迫，怨声载道。卫懿公喜欢鹤到了痴迷的程度，因而荒废朝政，不问民情，横征暴敛。

公元前660年冬，北狄（今大同一带）人集结两万骑兵向南进犯，直逼朝歌。卫懿公正欲载鹤出游，听到敌军压境的消息，惊恐万分，急忙下令招兵抵抗。老百姓纷纷躲藏起来，不肯充军。众大臣嘲讽说："君主启用一种东西，就足以抵御来犯之狄了，哪里用得着出兵！"卫懿公问"什么东西？"众人异口同声说："鹤。"卫懿公说："鹤怎么能打仗御敌呢？"众人说："鹤既然不能打仗，没有什么用处，为什么君主给鹤加封供俸，而不顾老百姓死活呢？"卫懿公悔恨交加，落下眼泪说："我知道自己的错了。"命令把鹤都赶散，于是朝中大臣们分头到老百姓中间讲述卫懿公悔过之意，才有一些人聚集到招兵旗下。卫懿公把玉块交给大夫石祁子，委托他与大夫宁速守城，卫懿公亲自带领将士北上迎敌，发誓不战胜狄人，决不回朝歌城。但毕竟军心不齐，缺乏战斗力，到了荧泽（朝歌北）又中了北狄的埋伏，很快就全军覆没，卫懿公被砍成肉泥。狄人攻占了朝歌城，石祁子等人护着公子申向东逃到漕邑，立公子申为卫戴公。朝歌沦陷后，卫大夫弘演前往荧泽为卫侯收尸，但见血肉模糊，尸体零落不全，只有一只肝尚完好。弘演大哭，对肝叩拜，说："主公一世风光，如今无人收葬，连个棺木也没有，臣仅且以身为棺吧。"说着拔刀剖开自己的肚子，手取卫懿公之肝纳入腹中，从者只好把弘演的尸体当作卫懿公的棺材，草草掩埋。

卫懿公作为卫国君主，肩负国家重任，岂能将个人爱好置于国家利益之上？将"鹤"这种动物等同于人，封官许禄，整天玩鹤消遣，无心国政，而且公开张扬自己的爱好，举国皆知，哪有不亡国的道理？

在古代君主中也有因好色，行为不检点而付出沉痛代价的。

"好色，人主之惑也"是韩非说的。意思是好色的君主容易被迷惑。

韩非在《八奸》一篇中指出："何谓'同床'？曰：贵夫人，爱孺子，便僻好色，此人主之所惑也。托于燕处之虞，乘醉饱之时，而求其所欲，此必听之术也。"这段话的意思是说，所谓同床，是君主宠爱夫人妃子，迷恋女色，被情欲所迷惑。当君主被女色弄得神魂颠倒之时，就会任由女人摆布，女人提出的要求，君主都会毫无防备地答应。

对于女色的危害性，韩非这段论述说得很到位。韩非认为，君主对女人要爱而不迷，沉溺于女色不能自拔，就可能亡国。

古时候，因迷恋女色而亡国的君王不在少数，夏桀因迷恋妹喜亡国，纣王因迷恋妲己亡国，周幽王因迷恋褒姒亡国，吴王夫差因迷恋西施亡国。

夏朝最后一个国王叫夏桀。施氏部落送了一个美女给他，这个美女名叫妹喜。妹喜貌如初发芙蓉，明眸皓齿，仙姿玉体，夏桀对妹喜百般宠爱。为了讨好妹喜，夏桀无所不用其极，妹喜提出的任何要求都能得到满足。妹喜喜欢听丝绢撕裂的声音，夏桀为投其所好，便从国库里搬出大量的丝绢，命令宫女扯断丝绢，发出撕裂的声音，供妹喜欣赏。国库的锦缎不够，夏桀便横征暴敛，增加苛捐杂税，搅得百姓怨声载道。妹喜喜欢看众人挤在酒池喝酒，夏桀就下令在宫里挖了个大池子，里面灌满了酒，让大家在池子里醉生梦死，许多人醉死在酒池边。夏桀还与妹喜乘坐龙船，在酒池里荡漾，命三千宫女翩翩起舞，供他们两人欣赏。

夏桀迷恋女色，荒淫无度，听信女人摆布的恶行，激起了民众的不满。公元前1711年，商汤在名相伊尹的谋划下，讨伐夏桀。夏朝军队不愿意为昏庸的夏桀卖命，纷纷溃逃。夏桀带着妹喜和一些珍宝，登上一艘小船，渡江逃往南巢（今安徽省巢县）。夏朝就此灭亡。

夏朝之所以灭亡，与夏桀沉溺于女色有关。韩非在《八奸》一篇中指出：“明君之于内也，娱其色而不行其谒。不使私请。”这段话的意思是说，英明的君主对于女色，要有度，不能让女人干预朝政，不能让女人提出为个人谋私利的请求。

战国时期，楚庄王有个弟弟叫春申，是楚国公室大臣，曾任楚相，是著名的政治家、军事家。他的夫人生了个儿子叫甲。春申有个小妾叫余，这个小妾余非常阴险毒辣，为了除掉春申的夫人，由自己作正妻，小妾余故意弄伤自己的身体，然后向春申哭诉道：“能够做您的小妾，我感到很幸运。但顺从了您，却得罪了夫人；顺从了夫人，又无法侍候您。我被夹在您和夫人中间，真受气呀。您看，稍不如意，夫人就打我，与其两头受气，倒不如赐我一死。”听了小妾余的哭诉，同时看到小妾余身上的伤痕，春申一怒之下，把夫人给休了，小妾余用苦肉计如愿以偿做了正妻。这还不够，小妾余害了夫人，又要害夫人的儿子甲。她故意撕烂自己的内衣，然后跑去给春申看，并向春申哭诉说：“我得到您的宠爱，甲不是不知道，他刚才竟然强行调戏我，把我的内衣撕烂了。”春申轻信小妾余的谎言，把儿子甲杀了。

品德不好的女人，为了私情什么事都干得出来，男人很容易被女人的柔情所迷惑，所以为政者不能太轻信和放纵女人，否则既害人又害己。

韩非在《扬榷》中说：“夫香美脆味，厚酒肥肉，甘口而疾行；曼理皓齿，说情而捐精。”意思是：芳香脆口、厚醇肥嫩的美味，虽然好吃，但吃多了有损健康；细皮嫩肉、樱唇皓齿的美女，虽然使人愉悦，但过了头会丧失意志。

晋文公，也就是晋国前国君晋献公之子重耳，他当公子时，谦虚而好学，善于结交有才能的人。晋国发生骊姬之乱，重耳被迫流亡在外十九年。重耳到了齐国，齐桓公厚礼招待他，并把同族的一个少女齐姜嫁给重耳，陪送二十辆驷马车，让重耳在齐国过上了安逸的生活。

重耳在齐国一住就是五年，爱恋在齐国娶的妻子，慢慢忘记了自己的鸿鹄大志，丝毫没有回国建功立业的理想。有一天跟随重耳流亡的大臣赵衰、狐偃在一棵桑树下商量如何离开齐国之事，齐姜的侍女在桑树上听到他们的密谈，回屋偷偷告诉了齐姜。齐姜竟把此侍女杀死，劝告重耳赶快离开齐国。重耳说：“人生来就是为了寻求安逸享乐的，我不走，死也要死在齐国。”齐姜说：“您是一国的公子，走投无路才来到这里，您的这些随从把您当作他们的生命。您不赶快回国，报答劳苦的臣子，却贪恋女色，我为你感到羞耻。况且，现在你再不去追求，何时才能成功呢？”齐姜无法说服重耳，就和赵衰等人用计灌醉了重耳，用车载着他离开了齐国。走了很长的一段路后重耳才醒来，当他知道齐姜等人趁他醉酒时带他离开齐国时，勃然大怒，拿起戈来要杀舅舅狐偃。狐偃说：“如果杀了我就能成就你，我情愿去死。”重耳说：“事情要是不能成功，我就吃你的肉。”狐偃笑说：“事情不能成功，我的肉又腥又臊，怎么值得你吃。”于是重耳平息了怒气，离开了齐国。

在秦国的帮助下，重耳回到晋国，成为春秋五霸中第二位霸主，开创了晋国长达百年的霸业。

贪图安逸，迷恋女色，就会失去斗志。若不是齐姜等人用计把重耳带离齐国，重耳就可能因贪图安逸，迷恋女色而荒废了一生。

韩非在《亡征》中说：“后妻淫乱，主母畜秽，外内混通，男女无别，是谓两主；两主者，可亡也。”意思是，皇后淫乱，太后姑息养奸，宫廷内外男女杂乱私通，朝廷就有了两个权力中心。后宫一个权力中心，前宫一个权力中心，互相制约，国家就可能灭亡。

夏姬是春秋时期著名美女，郑穆公之女。初嫁子蛮。子蛮早死，继为陈国大夫夏御叔之妻，生子夏徵舒。

夏姬生得蛾眉凤眼，杏眼桃腮，狐色狐媚，妖淫成性。少女时即成为兄长与国内权臣染指的对象。传说在她及笄之年，梦见一个伟岸异人，星冠羽服，自称上界天仙，与她交合，教她吸精导气的方法，名为“素女采战术”，能使女人欲老还少。夏姬从而也得知了返老还童、青春永驻的采补之术。

《列女传》上说夏姬：其状美好无匹，内挟伎术，盖老而复壮者。三为王后，七为夫人。公侯争之，莫不迷惑失意。

丈夫夏御叔病死后，成为寡妇的夏姬居住在一个叫株林的地方。

最先打夏姬主意的是陈国大臣公孙宁，他把夏姬勾引到手后，又心生一念，他知道国君陈灵公也好色，为了讨好国君，他就把夏姬介绍给陈灵公。当时陈国国君陈灵公刚刚即位，听到公孙宁说夏姬姿色超群后，淫欲澎涨，他以让夏姬的儿子夏徵舒继承其父亲的大夫职位为诱饵，获得了这位成熟美艳少妇的欢心。

打夏姬主意的男人当然不止陈灵公和公孙宁，还有一个贵族大臣，叫仪行父。

夏姬倒也一碗水端平，连自己的内衣，都一人送一件。君臣三人，穿着情妇送的内衣去上朝。但是，他们在朝廷上议论的不是朝政，而是共同的情妇夏姬。这三个男人，居然不顾满朝文武的侧目，公开讨论夏姬的床上功夫。大臣泄治是朝廷中的正派人，听到三人恬不知耻的议论，当场制止了这番对话，并对陈灵公加以劝谏。陈灵公对败兴的泄治怀恨在心，暗地里纵容孔宁、仪行父，让他们杀害了泄治。从此朝臣噤若寒蝉。

三个奸夫于是更加肆无忌惮，干脆公开在夏家摆下酒宴，与夏姬饮酒作乐。三杯下肚，三个不知羞耻的淫夫，更是满口胡言。居然当着夏姬的面，说夏徵舒是他们共同的儿子，并议论起他的相貌，到底像谁更多一点。

夏徵舒本来就对母亲的行为隐怒在心，这时又遭如此羞辱，更是火冒三丈。于是，夏徵舒找来家中的武士射手，埋伏在路边，当三个奸夫取完乐走出门的时候，突然箭下如雨。

陈灵公当场毙命，公孙宁和仪行父作为臣子，走在陈灵公后面，侥幸得以逃脱。这时是公元前599年，公孙宁与仪行父逃到楚国，向楚庄王控告夏徵舒“弑君”之罪。楚庄王闻讯大喜，一喜正好有借口进攻陈国；二喜可以一窥夏姬的美色。于是立即下令出兵讨伐陈国。

陈国自然不是强大的楚国对手，陈国很快被楚军占领。陈灵公虽然是无耻之徒，但总归还是国君。夏徵舒弑君之罪是不争的事实。夏徵舒被楚军擒住，当众以车裂酷刑处死。

陈灵公因贪恋女色，祸国殃民。正如韩非所说，宫廷内外男女杂乱私通，国可亡也。

韩非在《十过》中说：“耽于女乐，不顾国政，则亡国之祸也。”意思是：沉醉于歌女，不顾国家政事，这是亡国的祸患。

古代有个少数民族叫戎族，为了与秦国交好，戎族大王派使臣由余访问秦国。秦穆公问由余：“我听说有国病之道的说法，请你说说英明的君主为什么起初得到人民的拥护，后来又失去人民的拥护？”

由余说：“因为起初君主与人民同甘共苦，所以得到人民的拥护。后来政权稳定后，君主忘记初心，过上了骄奢淫逸的腐朽生活，所以失去人民的拥护。”

秦穆公说：“是这个道理吗？”

由余说：“从前，尧吃饭用的是土碗，喝水用的是土罐，与人民心连着心，所以他得到天下。到了商朝，国君用雕花刻兽的杯盏，生活奢侈浪费，与人民离心离德，所以失去了天下。”

退朝后，秦穆公对内史王廖说：“邻国戎族有由余这么一个贤能的人辅佐，一定会越来越强大，会对我秦国勾成威胁，怎么办呢？”王廖说：“戎族地处偏僻的地方，从来没有听过秦国的音乐，不妨送给戎王一批歌女，以松懈戎王的意志。”秦穆公说：“高明。”于是秦国给戎王送去了十六个歌女。

戎王果然被王廖猜对了，是个好色之徒。自从有了这十六个美丽的歌女陪伴，戎王有日夜的沉醉于音乐歌舞之中，经常不问政事，至使国力衰败，民不聊生。

秦穆公了解到这些情况后，便起兵攻打戎族，一举占领了戎族的领地，同时吞并了十二个国家。

女人的力量是非常强大的，好色必须有所克制，否则糖衣炮弹的能量堪比核弹，再强大的男人都难于抵挡。

当然，并不是所有的女人都祸国殃民。楚庄王的夫人樊姬，就是一个具有远见卓识、聪慧贤淑的女人。楚庄王喜欢打猎，荒于国事。于是樊姬绝肉食劝谏，促使楚庄王诫淫乐，勤朝政。

樊姬明白，一个君王若是沉迷于女色，那是十分危险的。为了避免楚庄王被妖女所惑，樊姬亲自从各地挑选美女，被选中的美女都是品行容貌俱佳的良家闺秀，让这些女子进入后宫，从源头上消除了因女色误国的隐患。

楚庄王十分宠信丞相虞邱子，樊姬开导楚庄王说：“虞邱子做丞相已经十多年了，除了他自己的子弟宗族亲戚之外，从来没有见他推荐过贤能的人，这样的大臣难道算是忠臣吗？”

虞邱子听说这件事后，吓得几天不敢上朝，派人四处搜寻能人志士，把才智过人的孙叔敖举荐给楚庄王。三年后，孙叔敖辅佐楚庄王称雄中原。

像樊姬这样不以色误国，而是千方百计助力国王励精图治的女人，才能称为名副其实的国母。

韩非一再强调，君王要警惕女色误国。君王应慎而不迷。

齐国大夫崔杼的妻子长得很漂亮，齐庄王便暗中勾引崔杼的妻子，最终两人勾搭成奸。有一天，齐庄王又偷偷摸摸来到崔杼的家，企图与崔杼的妻子偷欢，结果中了埋伏，被崔杼的家丁追打。齐庄王无路可逃，只好束手就擒，低声下气地求崔杼放他一马，并承诺与崔杼平分天下，崔杼不买账。齐庄公绝望的请求崔杼让他到宗庙去自杀，崔杼也不同意。齐庄公突然起身逃跑，在翻越围墙时，被崔杼的家丁一箭射中大腿，坠落在地，崔杼的家丁一拥而上，乱刀砍死了齐庄王。

齐庄王因好色不但丢了性命，而且丢尽了脸面。不但自身名誉扫地，连国格也丧失殆尽。

号称春秋一代霸主的齐桓公可谓是风光无限，然而，他的哥哥小名叫做诸儿的齐襄公，不仅是个“杀诛数不当，淫与妇人，数欺大臣”，骄奢纵欲的暴君，还是一个乱伦的禽兽，竟和自己的妹妹私通玩起了“兄妹恋”。后来他妹妹嫁给鲁桓公。襄公四年，鲁桓公带着夫人来齐国走娘家，齐襄公和妹妹兼情人又旧情复燃，又一次上了床。鲁桓公发现后，当然忍不下这口窝囊气，就对夫人大光其火。但夫人仗着有哥哥撑腰，不仅不买账，反而告了刁状。

于是，阴险残忍的齐襄公出于一己私欲，假借宴请的机会，把鲁桓公灌醉，然后让公子彭生把他抱到车上，暴打致死。堂堂的一国之君就这样白白地冤死在异国他乡。事后，齐襄公竟杀掉彭生以搪塞应付鲁国，而把他的妹妹留在了自己的身边，继续寻欢作乐。这样的禽兽岂能长久？在位十二年时，终于被公孙无知杀死，结束了罪恶的一生。

表面上看女人很柔弱，实际上女人非常强大。之所以说女人强大，是因为很多男人都无法抵御女色。男人可以战胜比自己强大的男人，但未必能战胜柔情似水的女人。

息妫是春秋时期陈国（今河南淮阳县）的公主，息妫目如秋水，脸似桃花，又称为“桃花夫人”。公元前684年，她嫁给息国国君息侯，称为息夫人。楚文王灭掉息国后把息夫人抢掠回国，逼其成为楚王夫人。这位绝世美人一生做过两个国王的夫人，可见其魅力无与伦比。

公元前684年，她出嫁给息国国君息侯，在出嫁的路上，途经蔡国，受到了姐夫蔡国国君蔡哀侯的接待。蔡哀侯很不老实，见息夫人貌美如花，就轻薄调戏。到了息国，息夫人将蔡哀侯调戏自己的龌龊之举告诉了丈夫息侯，息侯听后，拍案而起。但他不便直接对蔡国发难，便想借当时的超级大国楚国之手教训蔡国。在息国使者的怂恿下，傲气十足的楚文王答应出兵。公元前684年9月，楚兵于莘地（今汝南县境）大败蔡军，活捉了蔡哀侯。

当了俘虏的蔡哀侯知道自己被俘是息侯背后报复自己，十分愤恨，就在楚文王面前大夸息妫的绝世姿容。楚文王一听，心动不已，连忙命令他的楚国大军顺手将息国灭了，把息夫人息妫抢掠回楚国。

就这样息妫成了楚王夫人，并为楚文王生了两个儿子，但自从她成为楚王夫人后始终不和楚文王说话。楚文王憋得受不了，逼问其缘因，息夫人垂泪答道：“身为妇人而事二夫，不能守节而死，又有何面目与人说话呢？”于是楚文王认为，息妫沉默寡言都是因为蔡哀侯轻浮放荡惹的祸，决定再次讨伐蔡国。为讨好息妫，楚文王又一次大举兴兵伐蔡，并攻占了蔡都，帮息妫出了一口恶气。

纵观古代因女人而亡国的何止蔡、息两国。亡国的妖孽又何止息妫一个女人。远在商朝时，一个充满浪漫气息的王都朝歌，因为商纣王宠信妲己，而误了国政，商终被周所灭。妲己之罪有四：肉林酒池为她所建；冰行之足为她所砍；剖腹视胎为她所乐；比干之心为她所挖。这个毒蝎美人，千古淫恶的罪魁祸首，被周人行刑之时，因为美色，刽子手难以下手。比干等忠臣被虐杀，获罪的原因是“唯妇人之言是听”。而周王朝的灭亡仅是为博王后褒姒一笑。女色的威力简直令人难以置信，后世更有“冲冠一怒为红颜”的传奇。

韩非认为，君王如果能够利用好女人，女人会带来福气；如果控制不好女人，女人就是祸水。

第十讲　有君如彼其信也，可无从乎

“有君如彼其信也，可无从乎”是韩非的名言。意思是国君如此守信，我们没有理由不跟从他。

春秋战国时期，晋国国君晋文公带兵攻打原邑，携带了十天的粮食，他和大夫们约定以十天为期限。但到了十天期限，仍未打下原邑。于是就鸣金收兵，准备搬师回巢。

左右群臣劝谏道：“原邑城内已元气大伤，粮食耗尽，请君主下令再攻打几天。”

晋文公说：“我有约在先，违背约定就是失信，我不能失信。”

晋文公下令打道回国。原邑城内的守城官兵，听说晋文公守信撤兵后，主动打开城门，向晋文公投降。守城官兵说：“有如此讲诚信的国君，我们愿意归附他。”

孔子听说这件事后，感慨地说：“功破卫国原邑城池的是遵守信用。”晋文公战胜原邑，不是因为武力，而是“信用”。治国理政不可小视“信用”二字。

讲诚信要从小事情做起，大的诚信才能树立。讲诚信是立国之本。不讲诚信，国家的根基就不稳。一个不讲诚信的朝廷，没有号召力，并且不得民心；一个不得民心的朝廷，是很容易被推翻的。

韩非在《外储说左上》一篇中指出：“小信成则大信立，故明主积于信。赏罚不信，则禁令不行，说在文公之攻原与箕郑救饿也。是以吴起须故人而食，文侯会虞人而猎。故明主表信，如曾子杀彘也。”这段话的意思是说，小的事情说话算数，那么大的诚信才能树立。圣明的君主树立诚信要从小的事情开始。赏罚不讲诚信，那么禁令就不能实施。可以在“晋文公攻打原国和箕郑谈论救济饥荒”中找到例证，为了守信，吴起宁愿饿着肚子也要按照约定等老朋友来吃饭，魏文侯宁愿冒着大风也要守约和虞人说罢猎。所以圣明的君主要像曾子杀猪那样讲信用才能取信于民。

君主为什么要讲诚信，韩非这段论述说得非常明确。

春秋战国时，秦国的商鞅在秦孝公的支持下主持变法。当时处于战争频繁、人心惶惶之际，为了树立诚信，推进改革，商鞅下令在都城南门外立一根三丈长的木头，并当众许下承诺：谁能把这根木头搬到北门，赏金十两。围观的人都不相信这样轻而易举的事情能得到如此高的赏赐，结果没人去搬那根木头。于是，商鞅将赏金提高到五十金。终于有人抱着试试看的心理，将木头扛到了北门。商鞅立即赏了他五十金。商鞅这一举动，在老百姓心中树立起了诚信，而商鞅接下来的变法就很快在秦国推广开了。变法使秦国渐渐强盛。

所以君主想成大事，就要做到一诺千金，取信于民。

作为一国之君，不但办事要讲诚信，而且执法更要讲诚信，触犯了法规，要一视同仁，不能讲情面，袒护包庇或者避重就轻都会失信于民。

茆门，也叫雉门，是楚国的宫门之一。《茆门法》规定，诸侯、大夫、公子入朝时，所乘之车不得进入宫门，以保证国王安全。有一天，楚庄王紧急召见太子。那天正好下雨，为了避雨，太子就把车子赶到了茆门。廷理官说：“车子不能进入到茆门，到了茆门，就是犯法。”太子辩解说：“大王召见很急，不能等到雨停。”驱赶马车继续前行。廷理官举起长枪向太子的马刺去，马受惊，马车损坏。

太子气冲冲地走进王宫，向楚庄王哭诉道：“天上下雨，我驱车进茆门，廷理官说这是犯法，举枪刺向我的马，损坏了我的马车，父王必须诛杀他。”楚庄王说：“法令是使国家政权得到保障的工具，维护法律尊严的官员是国家的忠臣，值得敬重啊，怎么可以诛杀呢？”

楚庄王不但没有诛杀廷理官，还给他晋升两级爵位。楚庄王教导太子说：“不要再犯错误了。”

有法必依，违法必究，这是政府讲诚信的标志。楚庄王带头维护法律的尊严，支持廷理官依法办事，坚持王亲与庶民同罪，这就是讲诚信。如果楚庄王袒护太子，诛杀秉公执法的廷理官，那么老百姓就会认为朝廷制定的法律是用来装门面的，是用来欺骗老百姓的，楚庄王就会失信于民，失信于民就会失去民心，楚庄王深知这个道理。

古代也有把诚信当儿戏的君主。

西周末年，古褒国献给周幽王一个美女，名叫褒姒。褒姒到了周幽王身边之后，一直板着脸，从来没有笑过。为了博取褒姒一笑，周幽王悬赏求计，说谁能引得褒姒一笑，赏金千两。这时有个奸臣叫虢石父，出了个馊主意，说点燃烽火，可以引褒姒笑。于是周幽王不顾众臣反对，竟数次无故点燃边关告急用的烽火，使各路诸侯，长途跋涉，匆忙赶来救驾。后来发现被骗，愤怒不已。周幽王从此便失信于诸侯，终于有一次，当边关真的告急之时，周幽王点燃烽火，但再也没人来救他了。结果，被犬戎攻破城池，周幽王也死于刀下。

烽火本是古代敌寇侵犯时的紧急军事报警信号。昏庸的周幽王烽火戏诸侯，拿诚信开玩笑，酿下了千古之悲。

正如韩非所说：这就是不讲信用的祸患。

诚信是立国之本，正如韩非所说：“信所以不欺其民也。”失信于民则国危，失信于诸侯则国亡。

不违民意，取信于民是治国之道。春秋战国时期，魏国的魏文侯是一个讲诚信的君主。有一次，魏文侯与虞人约定第二天一起去打猎，第二天，气候突变，狂风大作，下起雨来，大臣们都劝魏文侯不要去打猎了，魏文侯说："我已经与虞人约好，怎么可以因为下雨而失信呢？" 魏文侯坚持赶到约定的地点，由于天气确实恶劣，魏文侯当面与虞人商量，取消了打猎的计划。

事先约定好的时间和行动，如果不能如约，应该在事前通知对方，免得别人等候，这是守信，也是对别人的尊重。有人以为这些是小事，尤其是有的上级官员对待下属官员，将失约不当一回事，这是有害的行为。因为刮风下雨，左右大臣劝阻，魏文侯仍然坚持赶到虞人那里，一起商量取消打猎活动。魏文侯不以权以势欺压人，尽管虞人只是一个小官，魏文侯仍然信守承诺，讲究诚信，认真对待双方的约定，这是取得国人信赖的基础。战国初期，魏文侯受到各国的普遍敬重，从期猎这件事上，也能看出他讲诚信的为政之道。

韩非在《扬榷》中说："以赏者赏，以刑者刑，因其所为，各以自成。善恶必及，孰敢不信？规矩既设，三隅乃列。"意思是，该奖赏的必须奖赏，该处罚的必须处罚，以各自的行为作依据，行为善恶皆由自己把握。善必赏，恶必罚，说到做到，有谁不信呢？设立了赏罚的规矩，其他方面也就自然明确了。

赏罚也要讲诚信，建立了赏罚制度，只要符合奖赏条件，就必须给予相应的奖赏；只要符合处罚条件，就必须给予相应的处罚。如果该赏的不赏，该罚的不罚，必然引发不满的情绪，这是有令不行，有禁不止的根源所在。

田子方是魏国国君魏文侯的朋友，有一天，他到王宫拜访魏文侯，突然看见一辆高级轩车从王宫出来，他以为是魏文侯，急忙把自己的车子变道避让，待那辆高级轩车驶近，田方子往车上看，原来车上坐的是大臣翟黄。高级轩车停了下来。田子方上前向翟黄施礼后问道："先生怎么坐上了这么高级的轩车？"翟黄说："魏文侯计划征伐中山国，我推荐了翟角为其出谋划策。我还推荐了乐羊作为将军，率领军队攻打中山国，并夺取了中山国。魏文侯又为治理被占领的中山国而发愁，我推荐了李克，他把中山治国理得井井有条。因此国君赏赐给我这辆轩车。”田子方说：“您推荐人才的功劳很大，奖赏一辆轩车还远远不够。”

田子方认为翟黄为国家推荐了三名杰出的人才，贡献相当大，按理应该得到更大的封赏。朝廷讲究诚信，该赏的就赏，能使受赏人更加努力为国效劳，同时因为见到别人受到封赏，也会激励其他人努力建功立业，争取得到封赏。所以田子方认为应该重赏翟黄。

韩非在《饰邪》中说：“赏罚敬信，民虽寡，强。赏罚无度，国虽大，兵弱者，地非其地，民非其民也。”意思是：赏罚讲诚信，国家小，也可以强大。赏罚不讲诚信，国家虽大，军队没有战斗力，疆土不保，民心不稳。

西门豹是战国时期魏国邺县的县令，他清廉刻苦，不谋私利，但对魏文侯身边的近臣不恭维，不谄媚，君主左右的人就联合起来，说西门豹的坏话。任官一年后，西门豹去国都汇报工作时，魏文侯要收回西门豹的印信，西门豹说：“我过去不知道如何治理邺，现在知道了，请大王再给我一次机会，如果再治不好，愿意接受死刑。”魏文侯听西门豹说得恳切，不忍心收回印信，就再给他一年时间。这次西门豹上任后就加紧搜刮百姓，讨好魏文侯左右的人。一年之后，西门豹再去汇报工作，魏文侯亲自出来迎接他，并向他致谢。西门豹说：“往年我替君主治邺，君主要收回印信，今年我换了个方法治邺，君主向我致谢，我不能再治理下去了，请允许我辞职。”魏文侯听了这句话，幡然醒悟，说：“过去我不了解你，现在了解了，请你继续替我治邺。谢谢你。”从此西门豹励精图治，号召群众兴修水利，发展生产，老百姓因此而家给户足，生活富裕。

西门豹使邺县逐渐富裕兴盛起来。但魏文侯却常听到一些官吏告发西门豹的意见，说邺县官仓无存粮，钱库无金银，部队缺少装备，西门豹把邺县治得一塌糊涂。魏文侯到邺县视察时，就一些官吏告发西门豹的问题责问西门豹，并说若西门豹回答不出理由，就要治他的罪。西门豹说："王者使人民富裕，霸者使军队强盛，亡国之君使国库充盈。邺县官仓无粮，因为粮食积储在人民手中；金库无银，因为银钱都在人民衣兜里；武库无兵器，因为邺县人人皆兵，武器都在人民手中。大王若不信，让我上楼敲敲鼓，看看邺县钱粮兵器如何？"西门豹上楼，第一阵鼓声之后，邺县百姓披盔带甲，手执兵器，迅速集合到楼下；第二阵鼓声之后，另一批百姓用车装着粮草集合到楼下。

魏文侯知道了西门豹的政绩，龙颜大悦，请西门豹停止演习，西门豹不同意说："民可信不可欺。好不容易与他们建立了信约，今天既然把他们集合起来了，如果随意解散，老百姓就会有被受骗之辱。燕王经常侵我疆土，掠夺我百姓，大王不如让我带他们去攻打燕国。"魏文侯听后点头称是，于是西门豹发兵攻燕，收回了许多失地。

汉代史学家褚少孙说："西门豹治邺，民不敢欺。故西门豹为邺令，名闻天下，泽流后世，无绝已时，几可谓非贤大夫哉。"

朝廷对民众言而有信，就能赢得人民的信任和支持；对民众不讲信用，朝令夕改，人民就会产生对朝廷的不信任感；朝廷经常欺骗民众，积怨就会越来越深，最终的结果是人民不听政令，甚至奋起反抗。

狐偃是晋文公的舅舅，又称舅犯，有一次晋文公问狐偃："如果我把美味佳肴都赏赐给大臣，把食物、布匹分发给民众，那么民众是不是就能为我而走上战场了呢？"狐偃说："这样做还不够。"晋文公又说："我减轻赋税，放宽刑罚，这样做可以了吧？"狐偃说："还是不够。"晋文公说："我救济缺吃少穿的，赦免有罪的，这样可以了吧？"狐偃说："还是不够。您给民众的都是生活所需物质，而要他们上战场打仗，是要付出生命代价的。

民众拥护您是为了生存，你却要他们为您而送命，民众就不会拥护您了。”晋文公说：“怎样才能使民众愿意为我上前线打仗呢？”狐偃说：“使民众不得不打仗。”晋文公说：“怎样才能不得不呢？”狐偃说：“诚信于奖赏，有功必赏，有罪必罚，这样就够了。”

第二天，晋文公开始尝试奖赏的办法。他向有关人员下达命令，全体人员中午前集结到圃陆这个地方围猎，迟到者军法论处。到了中午，绝大部分人员都按时到了，只有一个人迟到，这人叫颠颉，是晋文公的宠臣。执法官问晋文公怎么处置，晋文公掉着眼泪说：“请对他用刑。”

按规定颠颉被处以腰斩的酷刑，并枭首示众。民众知道这件事后，无不谨慎守法。

晋文公看到“杀鸡儆猴”的赏罚起到震慑作用后，命令攻打中山国，士兵无不奋勇杀敌，很快就打了胜仗。韩非认为晋文公之所以能打胜仗，是因为采取了“赏罚敬信”的激励政策。

韩非在《饰邪》中说：“无功者受赏，则财匮而民望；财匮而民望，则民力不尽矣。故用赏过者失民，用刑过者民不畏。有赏不足以劝，有刑不足以禁，则国虽大，必危。”意思是：没有功劳的人得到奖赏，人民就会抱怨和失望，那么人民也不会为国尽心尽力。奖赏不当会失去民心，惩罚不当人民就会反抗。奖赏起不到激励的作用，惩罚起不到禁止的作用，国家虽大，也有亡国的危险。

齐桓公有一次喝醉酒，把帽子搞丢了，感觉很羞耻，三天不上朝处理公事。宰相管仲对齐桓公说：“国君因醉酒而把帽子弄丢了，这不是您个人的事，是国家的耻辱，你应该做一件好事来洗刷这件丑事。”

做什么好事呢？齐桓公突发奇想，他命令打开粮仓，把粮食赏赐给贫苦的人，并释放犯罪轻的犯人。过了几天，一首民谣在民间流传，大意是希望齐桓公天天喝醉酒，天天弄丢帽子。齐桓公这种随意赏赐的做法，不但没起到激励民众为国尽力的作用，反而遭到民众自编歌谣来讽刺他。所以韩非说“用赏过者失民”。

韩昭侯在使用赏罚制度时就非常慎重，有一次，侍臣看见韩昭侯将穿旧的裤子收藏起来，就开玩笑说：“国君不够仁慈啊，破旧的裤子不赏赐给我们，还要收藏起来。”

韩昭侯说：“这其中的道理你们是不懂的，国君皱一皱眉头、露一露笑容都是有意图的。无功者哪能赏赐呢？”

不要小看国君的一条旧裤子，它可以作为获得者炫耀的资本啊。所以韩非说不能起到激励作用，就不能随心所欲的奖赏。

韩非在《外储说左下》中说：“恃势而不恃信，故东郭牙议管仲；恃术而不恃信，故浑轩非文公。故有术之主，信赏以尽能，必罚以禁邪。”意思是君主以权势压人，轻视诚信，所以出现东郭牙妄议管仲的事情；君主以权术戏人，而轻视诚信，所以出现浑轩非议晋文公的事情。懂得治国理政的君主，诚信于奖赏使人们尽忠报国，诚信于处罚使奸邪的行为得以禁止。

“信赏罚以尽民能”是韩非说的，意思是君主要采取赏罚分明的措施发挥众人的积极性。

赏罚不分明，该赏赐的不赏赐，不该赏赐的却赏赐；该处罚的不处罚，不该处罚的却处罚，那么遭受不公平待遇的人就会产生怨恨。从而正气不畅，邪气上升，人心涣散，向心力减弱，安定团结的局面就会受到破坏。

韩非在《主道》一篇中提到：“明君之行赏也，暖乎如时雨，百姓利其泽；其行罚也，畏乎如雷霆，神圣不能解也。故明君无偷赏，无赦罚。赏偷，则功臣惰其业；赦罚，则奸臣易为非。是故诚有功，则虽疏贱必赏；诚有过，则虽近爱必诛。疏贱必赏，近爱必诛，则疏贱者不怠，而近爱者不骄也。”这段话的意思是：明君的赏赐，如及时雨一般滋润，使老百姓受益；明君的惩罚，像雷暴一样严厉，神仙也不能改变。所以英明的国君不随意赏赐，不随意免除处罚。随意赏赐，就会挫伤功臣的积极性；有过不罚，就会助长奸臣为非作歹。对于有功者，虽然地位不高也要奖赏；对于犯错者，虽然亲近宠爱也要处罚。赏罚不论亲疏，则疏者做事不敢怠慢，亲者做事不敢骄横。

赏罚分不分明，是君王做事公不公平，公不公正的表现，韩非运用孔子的话说："善为吏者树德，不能为吏者树怨。概者，平量者也，吏者，平法者也。治国者，不可失平也。"（《外储说左下四》）。意思是说，善于为官者以德治国，不会做官的人培植怨恨。概这种器具用来度量斗斛；为政者，是公正执法的维护者。治理国家的人，不可以失去公平。

赏罚是激励和鞭策官员工作情绪的有效手段，英明的君主要懂得正确利用赏和罚，以达到鼓舞士气、惩戒邪气的目的。赏和罚不仅要体现在经济待遇上，更要体现在选人用人上。有功劳有能力的人，应该提拔重用，提拔重用就是奖赏；没有功劳没有能力的人，应该不提拔、降职或者免职，不提拔、降职或者免职就是惩罚。

蔺相如是赵国宦官头领缪贤的门客。廉颇是赵国的杰出将领。赵惠文王十六年，廉颇任赵国的大将，领兵攻打齐国，大败齐军，夺取了阳晋，被封为上卿。

赵国得到价值连城的和氏璧。秦昭王知道后，派人送给赵惠文王一封信，表示愿意拿十五座城池换这块璧。赵惠文王同大将军廉颇等大臣商议：和氏璧给还是不给秦国，给怕秦国失信；不给又担心秦国发兵来抢。但给与不给都要派一个人出使答复秦国，派谁去呢，一时找不到合适的人选。

宦官头领缪贤推荐蔺相如出使秦国，于是赵惠文王召见蔺相如，问蔺相如说："秦王要拿十五座城来换我的和氏璧，可不可给？"蔺相如说："秦国强而赵国弱，不可不答应。"赵惠文王说："要是拿了我的璧，不给我们城怎么办？"蔺相如说："秦国用城来换璧，要是赵国不答应，理亏在赵国；赵国给了璧，要是秦国不给赵国城，理亏在秦国。权衡这两种对策，宁可答应他，而让秦国担负理亏的责任。”赵惠文王故意问：“谁可出使呢？”蔺相如说：“大王果真没有合适的人，我愿意捧璧前往出使。等城给了赵国，我就把璧留给秦国；如果城不给，我保证完整无缺地把璧送回赵国。”

蔺相如到了秦国，捧护宝璧进献给秦王，秦昭王非常高兴，把宝璧传递给姬妾和左右侍臣观赏，左右的人都高呼万岁。蔺相如看出秦昭王没有诚意把城池交给赵国，就上前说：“这璧上有点小斑疵，请让我指给大王看。”秦昭王把璧递给相如，蔺相如趁机拿回璧。对秦昭王说：“我看大王没有诚意把城池交给赵国，所以我又重取回了璧。如果大王一定要逼迫我，我的头颅今天就跟这块璧一起撞碎在殿柱上。”

蔺相如举着璧，斜瞅着殿柱，准备向殿柱撞去。秦王害怕他撞碎宝璧，于是婉言道歉。召唤主管版图的官吏来察看地图，指划着将哪十五座城池划给赵国。

蔺相如料想秦昭王只不过是假装要给赵国城池，其实是不会给的，于是使了一个手段，派一个随从怀揣和氏璧，从小路逃走，把璧送回了赵国。

秦国群臣听说和氏璧已回到赵国，面面相觑，欲把蔺相如处死，但秦昭王还是将蔺相如放回了赵国。

蔺相如回国以后，赵惠文王认为他有勇有谋，完璧归赵，挽回了赵国蒙受的欺辱，护国有功，就任命他作上大夫。

几年后，秦国攻打赵国，屠杀赵国二万人。秦昭王约赵惠文王在黄河以西的渑池相会。赵惠文王怕秦昭王暗害，不敢去。廉颇、蔺相如商议后对赵惠文王说：“大王不去，就显得赵国太软弱而胆怯了。”赵惠文王才答应赴会，由蔺相如陪同。

赵惠文王和秦昭王相会于渑池。秦王喝酒喝到畅快时说：“我私下听说赵王爱好音乐，请弹弹瑟吧。”赵惠文王只好为他弹瑟。秦国的史官上前记道：“某年某月某日，秦王和赵王相会饮酒，令赵王弹瑟。”这时蔺相如走上前去说：“我们赵王也私下听说秦王善于演奏秦国乐曲，请允许我献上瓦盆给秦王敲，以此相互娱乐。”蔺相如上前跪下献上瓦盆，秦昭王大怒不敲瓦盆。蔺相如说：“在这五步之内，请让我把头颈里的血溅到大王身上。”秦昭王的侍卫要杀蔺相如，蔺相如瞪着眼怒视他们，侍卫被吓退。秦昭王很不高兴地敲了一下瓦盆。蔺相如回头召呼赵国的史官写道：“某年某月某日，秦王给赵王敲瓦盆。”秦国的大臣们说：“请用赵国的十五座城为秦王祝福。”蔺相如也反击道：“请用秦国的国都咸阳为赵王祝福。”秦昭王直到酒宴完毕，始终没有占到上风。

回到赵国，赵惠文王认为蔺相如功劳大，封他为上卿，职位在廉颇之上。廉颇不服，他说：“我身为赵国的大将，有攻城野战的大功；而蔺相如仅凭着口舌立了点功，位次却在我之上。况且蔺相如本来是个微贱之人。我感到羞耻，不甘心位居他之下。”并公开扬言说：“我见了蔺相如，定要羞辱他。”相如听说了这话，每逢上朝时，常常推托有病，不愿跟廉颇争位次的先后，后来蔺相如出门，望见廉颇，他就调转车绕道回避。蔺相如高风亮节的品格最终打动了廉颇，两人成了同生共死的赵国忠臣。

赵王用人不论资历，重能力和政绩，得到了众多大臣的拥护，也让官员们看到了升迁的希望，只要勤勤恳恳、奋发有为，就能公平公正的得到升迁。如果勤奋努力、政绩突出、功劳大的人得不到提拔重用，投机取巧的人反而得到升迁，那么这样的赏罚方式会极大地打击人们的积极性，甚至导致上下离心离德的格局。

韩非在《用人》中说：“明主立可为之赏，设可避之法。故贤者劝赏而不见子胥之祸，不肖者少罪而不见伛剖背，盲者处平而不遇深溪，愚者守静而不陷险危。如此，则上下之恩结矣。”意思是英明的君主设立鼓励人们奋发向上的奖赏，设立人们不敢触犯的惩罚。所以贤能的人获得奖励，伍子胥受到的祸害不复存在，不求上进的人不敢犯罪，剖开驼背人脊梁的悲剧成为过去，盲人行走不会掉入深坑，迟钝的人不会出现危险。那么君臣就有了凝聚力。

这一段韩非形象地阐述了设立赏罚制度的重要性，他极力给为政者推荐这条治国之道。

赏罚公平公正，被处罚者不会产生怨恨，而是心服口服。韩非说，奖赏不公平就不能勉励民众；处罚不公正就不能起到警示作用。赏罚公平得人心，赏罚不公失人心。

春秋战国时期，魏国四面受敌。先是秦国和韩国攻打魏国，魏国无力抵抗，派昭卯出使秦国和韩国，通过外交斡旋，促使秦国和韩国退兵。后来齐国和楚国来攻打魏国，魏国又派昭卯出使齐国和楚国，同样取得了让齐国和楚国退兵的外交成果。由于昭卯功劳大，魏襄王就赏给他五乘兵车的待遇。昭卯很不服气，他说："伯夷贤能而以仁爱著称，只赏以将军的待遇，安葬时覆盖的毯子连手脚都没盖住，这是薄葬啊！我不费一兵一卒退了四国的军队，大王才赏给我五乘兵车的待遇，与我的功劳大不相称，这种待遇就相当于赏了双烂草鞋给我走路。"

功劳大而赏赐低，会造成有功者的不满，容易爆发不安定事件。韩非在《喻老》中说："赏罚者，邦之利器也，在君则制臣，在臣则胜君。"意思是赏罚之道，是治理国家的有力手段，由君主操控就能制服臣下，由臣子操控就能降服君主。

古代官员级别越高，乘坐的车辆就越豪华，车辆是官员级别和荣誉的标志。因魏襄王封赏太低，昭卯心里产生了不满情绪。封赏不公，会让臣下产生怨恨，产生的怨恨越积越多，安定团结的政治局面就会遭到破坏。

君主要正确使用赏罚之道，切不可以感情用事，赏罚必须公平公正，才能起到激励和惩戒的效果，才能让承受者及其他人心服口服。

公元前356年，齐威王即位，他虚心纳谏，整顿朝政。整顿从治吏入手，他首先向左右大臣了解地方管吏的政绩情况，左右大臣都说阿城（今山东阳谷县东北）大夫是最好的，即墨（今山东省平度市东南）大夫是最坏的。齐威王不轻信大臣们的褒贬，亲自深入到各地明察暗访、向老百姓调查了解，得到的答案与左右大臣反映的情况截然相反，事实是即墨地区土地肥沃、人民丰衣足食、官府办事效率高、社会稳定。而阿城地区田地荒芜、人民贫困。为什么左右大臣瞒报实情，颠倒黑白，把好的说成坏的，把坏的说成好的呢？原来，即墨大夫为人正直，一心为人民办事，不善结交朝廷的左右近臣，所以大官们都说即墨大夫不好。相反阿城大夫利用行贿的手段收买人情，巴结朝廷左右大臣，因此很多大臣都说阿城大夫是好官。齐威王掌握了真实情况后，就把各地的官吏召集起来开会，对政绩突出的即墨大夫封之万家；对阿城大夫以及那些因受贿而隐瞒实情的大臣皆并严处。此后，“群臣耸惧，莫敢饰非，务尽其情。齐国大治，强于天下。”

齐国的迅速崛起，与齐威王“赏罚分明”的治吏举措是密不可分的。政绩突出的给予奖励并提拔重用；政绩平平，甚至没有政绩的给予处罚，极大地调动了官员的工作积极性，遏制了无功受禄的腐败弊政。

韩非在《用人》中说：“至治之国，有赏罚而无喜怒，故圣人极。有刑法而死，无螫毒，故奸人服。”意思是国家之所以治理得好，是因为君主依据制度来实行赏罚，而不是凭个人的喜怒哀乐来进行赏罚，所以人们工作都很努力。有因触犯刑法而判死刑的，但没有无端害人的冤假错案，所以奸邪的人也能顺服。

齐威王按照上述原则去实行赏罚，所以很得人心。

春秋时候，晋国发生内乱，晋献公宠妃骊姬，欲废掉太子申生，改立骊姬之子奚齐为太子，于是引发一系列变乱。太子申生被骊姬陷害致死；公子重耳畏惧逃亡，随重耳逃亡的有多名贤士，介子推即是其中之一。介子推随重耳在外逃亡十九年。风餐露宿，饥寒交迫，备尝艰难险阻。

重耳出亡时，先是父亲晋献公追杀，后是兄弟晋惠公追杀。

重耳经常食不果腹、衣不蔽体。据《韩诗外传》记载，有一年逃到卫国，一个叫做头须的随从偷光了重耳的资粮，逃入深山。重耳无粮，饥饿难忍。向农夫乞讨，不但没讨来饭，反被农夫用土块当成饭戏虐了一番。后来重耳都快饿晕过去了，为了让重耳活命，介子推走到偏僻处，从自己的大腿上割下一块肉，与采摘来的野菜一同煮成汤给重耳喝。后来，重耳知道是介子推割肉煮汤时，备受感动，声称有朝一日做了君王，要好好报答介子推。

逃亡十九年后，重耳在秦国的帮助下回国做了国君，重耳分封群臣时，大多数跟随他逃亡、出生入死的人都得到了重用，偏偏忘记了介子推，介子推不愿夸功争宠，背着老母亲隐居于绵山。

邻居解张为介子推打抱不平，夜里写了封书信挂到城门上。晋文公（重耳）看到这封信后，意识到自己封赏不公，立刻派人召介子推受封，但此时介子推已隐入绵山。晋文公亲自带领众多人马前往绵山寻找。但是，那绵山蜿蜒数十里，层峦叠嶂，谷深林密，根本找不到踪迹。晋文公求人心切，下令三面烧山，欲逼介子推出山。没料到大火烧了三天，连介子推的影子都没见到。后来在一棵烧焦的柳树下发现了介子推母子的尸骨，晋文公悲痛万分，取了一段烧焦的柳木，带回宫中做了一双木屐，每天望着它长叹："悲哉足下。"

在危难时刻，最能考验一个人是否忠诚。在重耳面临断粮，几乎饿死的关头，是介子推冒死割下自己的大腿肉，挽救了重耳的生命。介子推是重耳的救命恩人，而且跟随重耳逃亡十九年，不离不弃，可谓忠心耿耿，是最不应该忘记的人，晋文公却把他忘记了。晋文公因赏罚不公而失去了一个忠臣。

韩非在《用人》中说："发矢中的，赏罚当符，故尧复生，羿复立。如此，则上无殷、夏之患，下无比干之祸，君高枕而臣乐业，道蔽天地，德极万世矣。"意思是赏罚得当，所以尧一样的圣人能复生，夏羿一样的君王能再现。朝廷没有商纣和夏桀这样的祸患，也没有比干这样的悲剧，君主主政安稳而臣下忠心敬业，治国之道深得民心，恩德也就流传万代了。

在谈到赏罚的效能时，韩非在《守道》一篇中说：圣明的君主，要通过赏罚分明鼓励人们遵纪守法，让功劳大的人地位尊贵，积极肯干的人奖赏丰厚，贡献多的人名声响亮，美好的事物像春天的花草充满生机，邪恶的事物像秋天的草木枯萎凋谢，民众和谐相处，尽情享受快乐的时光。

春秋战国时期，晋国国君晋文公逃亡国外，侍臣箕郑提着装有水泡饭的壶跟随着。逃亡中，箕郑迷失了道路，与晋文公走散了。箕郑饿得哭了起来，却不敢偷吃壶中的食物。等到晋文公返回晋国，起兵攻打原城，攻下原城并占领了它。晋文公说："能忍受饥饿的痛苦而坚决保全食物，这样的人将不会背叛晋国。"于是提拔箕郑做原城的城令。大夫浑轩听到后反对说："因为不偷吃食物的缘故，就信赖他不会凭借原城叛变，不也是不明智吗？"

在浑轩看来，因为不偷吃晋文公的食物，就破格提拔一个侍臣，这样的封赏过于草率，违反了赏罚公平的诚信原则，所以浑轩不同意晋文公提拔箕郑。

韩非在《难二》中说："夫赏无功，则民偷幸而望于上；不诛过，则民不惩而易位非。此乱之本也，安可以雪耻哉？"意思是：奖赏无功无劳的人，那么民众就会投机取巧，希望从君主那里得到意外的奖赏；对有罪过的人不惩罚，那么民众就会因不受惩罚而胡作非为。这是乱国的根源。

韩非也认为，英明的君主，不依靠别人不背叛君主，而要依靠自身的魄力和权威，让臣下不敢背叛君主；不依靠别人不欺骗君主，而要依靠自身辨别是非的能力，让臣下不敢欺骗君主。

赏罚公平公正就是讲诚信，讲诚信是一条非常重要的治国理政之道，因为讲诚信，人民才信赖你，才愿意跟着你走。

第十一讲　明主，其务在周密

韩非在《八经》一篇中指出：“明主，其务在周密。是以喜见则德偿，怒见则威分。故明主之言隔塞而不通，周密而不见。”意思是，圣明的君主，周密地处理国家事务。把对政务的喜怒表现出来，臣下就会窃取情报，邀功争宠。事关国家安危的言论总是严加保密而不泄漏。

韩非这段论述强调了君主言论保密的重要性。

凡国家事务，皆应按法定程序操作。该公开的公开，该保密的保密。泄漏国家机密，危害性不可估量。

春秋战国时期，韩国国君韩昭侯平时说话不大注意，经常在无意间将一些重大的机密泄露出去，使得朝廷制订的计划不能正常实施。大臣们对此很伤脑筋，却又不敢直言规劝韩昭侯。

有一位叫堂谿公的大臣，得到了一次与韩昭侯聊天的机会，堂谿公对韩昭侯说：“假如有一只精美的玉杯，但是这只玉杯没有底，它能盛水吗？”韩昭侯说：“不能盛水。”堂谿公又说：“有一只瓦罐子，很不值钱，但它不漏，你看，它能盛酒吗？”韩昭侯说：“可以。”

堂谿公接着说：“一个瓦罐子，虽然值不了几文钱，但因为它不漏，却可以用来装酒；而一个玉做的杯子，尽管它十分贵重，但由于它没有底，因此连水都不能装，谁还敢把美酒倒进去呢。人也是一样，作为一国之君，如果经常把与臣下商讨的国家机密泄露出去，那么他就好像一只没有底的玉杯，谁还敢为他出谋划策呢？”

听了堂谿公的话，韩昭侯恍然大悟，点头说道：“我明白了。”

从此以后，凡涉及国家机密的计划、方案，韩昭侯都十分谨慎，晚上睡觉都是独自一个人睡，不敢和夫人、妃子一起睡，生怕自己在熟睡中说梦话时泄露机密。

韩非在《三守》中说：“人臣有议当途之失、用事之过、举臣之情，人主不心藏而漏之近习能人，使人臣之欲有言者，不敢不下适近习能人之心，而乃上以闻人主。然则端言直道之人不得见，而忠直日疏。”意思是，臣子议论某大臣为政的得失、政务的过错、用人的不当，君主听后不为反映情况的人保密，把反映的情况泄漏给亲近的大臣听，这样一来，反映情况的大臣再也不敢直接把真实情况反映给君主听，以防被君主的近臣知道，正直的人与君主渐渐疏远。

不管君主还是大臣，都应该保守国家机密，否则就会出现危险。

韩非在《亡征》中说：“浅薄而易见，漏泄而无藏，不能周密而通群臣之语者，可亡也。”意思是，思想单纯而容易被人看穿意图，不注意隐藏机要而暴露机密，计划不周密而随便与群臣谈论，就可能对国家产生危害。

楚成王是春秋时期楚国一位很有作为的国君，楚成王自即位以来，励精图治，增强国力，灭国十二，扩地千里，争霸中原，使楚国声威大震，是春秋时期名副其实的一代霸主。

按惯用的世袭制，楚国的王位继承人当属长子。但是楚国有“幼子守家”的风俗，王位常由小儿子继承。

立长子商臣为太子，还是立幼子王子职为太子，楚成王左右摇摆，使得太子的位置一直没有得到确定。

长子商臣富于心计，经常以小恩小惠贿赂楚成王身边的大臣，于是不少人推荐商臣，为商臣说话。

楚成王听了不少关于长子商臣的好话，便动了立商臣为太子的念头，他对令尹斗勃说：“商臣这孩子不错，有先王的遗风，你看他做太子，怎么样？”

斗勃是个正直人，了解商臣的为人，便回答道：“大王，您还年轻，现在考虑立太子是不是早了点。”

楚成王道：“不年轻了，我都老了。”

斗勃答道：“恕臣直言，即使要立太子，也不能立商臣。首先，自古楚国的习俗，是幼子守家，立少不立长，我们不能坏了老祖宗的规矩；其次，商臣这孩子，眼睛像蜂，声音像豺，一看便是性情残忍，阴险狡诈之人，如果立他为太子，楚国将来说不定会出什么祸乱，请您三思啊!”

楚成王不听斗勃的劝谏，一意孤行，立商臣为太子，并安排潘崇做他的老师。而且把斗勃不同意立商臣为太子的事泄漏了出去。

商臣听说斗勃曾反对立自己为太子，便心生怨恨，想伺机除掉斗勃。

公元前627年，楚国与晋国交战，楚国派斗勃领军出战，楚晋两军隔济水相持了两个多月，晋军粮草将尽，晋国将领阳处父想退兵，但是怕被楚军乘势追击；又怕自己担上畏楚恶名，被人耻笑；苦思冥想，想出了一条妙计。

他派使者前往楚军大营，传话道：“我奉了我们将军的密令，特来相告，晋楚两军相持了这么久，难分胜负，白白消耗军资，对谁也没好处，还不如痛痛快快打一场，一决雌雄。将军如果想决战，我军愿意退后三十里，让你们渡过济水布阵，然后一决胜负，如果你们不敢过河，那么就请先后退三十里，让我军渡过济水布阵，然后再作决战。不知将军意下如何。”

斗勃早就知道晋军粮草将尽，听到晋军使者的传话，便打算渡河与晋军决一死战，副将成大心连忙劝阻，要他防备晋军有诈，说万一晋军在楚军渡河到一半之时，突然发动袭击，就凶多吉少了。

斗勃一听有道理，便传令全军后退三十里地，重新结寨，等待晋军过河，进行决战。

阳处父见楚军后退，大喜过望，急令退兵。

斗勃等了两天，不见晋军有什么动静，便派人去侦察，这才得知晋军早已撤离。

斗勃不战而归，楚成王非常生气。商臣一看时机到了，便进谗言道："楚晋两军相持了两个多月，晋军粮草待尽，但斗勃却迟迟不进击，让晋军平安撤离。听说他接受了阳处父的贿赂，才不进攻的。他这样做，对得起楚国的臣民和父王您吗？"

楚成王一听，怒不可遏，派人给斗勃送去一把剑，让他自杀。斗勃本来想进宫申辩，不料在宫门口遭到商臣的阻拦。求见不得，洗冤不成，斗勃仰天长叹一声，当场拔剑自刎。

事件的原委副将成大心心知肚明，他冒死进宫，向楚成王一五一十说明了事情的真相，楚成王开始有了醒悟，对太子商臣产生了疑心。不久，他又看到一个近臣身上佩戴着自己赐给太子之物，觉得奇怪，便追问其此物从何得来，甚至不惜动刑逼问，近臣实在抵赖不了，只好如实道出原委，说是接受了商臣的贿赂。楚成王这才彻底醒悟，既后悔处死斗勃，又后悔不听斗勃的劝谏。

楚成王的小儿子王子职很聪明，楚成王一直很喜欢他，便想废商臣而立王子职为太子。不过此时商臣已经在朝中培植了一批势力，楚成王也不敢贸然行事。

正在这时，嫁到江国的王妹江芈回国探亲，居住宫中。楚成王便对江芈说出了自己的心事。江芈沉思道："老哥，这是大事啊，不可轻举妄动，弄不好会出乱子的，不过，要是能找到商臣的过错，就能名正言顺地废掉他。"

商臣早就在楚成王身边安插了耳目，楚成王与王妹江芈的谈话，很快就传到商臣耳中。

商臣连忙找师傅潘崇商量对策，潘崇道："我有办法，可以验证这话的真假，你姑妈江芈，性情急躁，一发火，什么事都藏不住，太子可为她设宴，故意激怒她，从中窥探一二。"

商臣依计行事，摆下丰盛的宴席招待姑妈江芈，开始时对姑妈江芈非常恭敬，亲自倒酒替姑妈江芈祝寿，还姑妈长姑妈短地叫个不停，好不亲热，可酒过三巡之后，商臣故意显露出怠慢的样子。他先是让厨子直接给江芈送菜，自己不再起身，后来又故意和周围的侍者说话，不搭理江芈，江芈受到冷落，很不高兴，连续发问，商臣装作没听见，江芈果然勃然大怒，站起来厉声道："你这臭小子，这么无礼，怎么配做太子？"

商臣这才转过头，傲慢地说："我是太子，将来父王会把王位传给我，你能拿我怎么样？"

江芈气急败坏，也忘记了机密，大吼道："你这个蠢货，还想当太子，别做春秋大梦了，你父王早就想废了你，不识好歹的东西，走着瞧吧。"说罢，甩袖登车而去。

回到宫中，江芈怒气未消，径自去见楚成王，愤愤不平地说："商臣这孩子，太傲慢无礼，无法担当国君的重任，应该马上废掉！老哥，我看他面目凶恶，拖得久了，怕出意外啊。"

楚成王点头道："妹子，有了你这句话，我就下定决心了，明天早朝，我就晓谕众臣，废掉商臣。"

江芈听了大喜，正要告辞。楚成王又道："云梦虞人进献了一头野熊，我让御厨正在烹调。你在晚上酉时来我宫里，我已经约了王子职，咱们三人一起品尝熊掌，商议大事。"江芈连忙点头答应。

再说商臣从江芈嘴里探听到楚成王想废太子的事后，心中惶恐不安，便急忙赶去见师傅潘崇，询问对策。

潘崇盯着商臣，皱着眉，阴森森地说："有一条良策。但就怕你下不了手……"说到这里，潘崇止住话头，沉默不语。

商臣听到这话，感觉是破釜沉舟的时候了，咬咬牙说："到了这步田地，还有什么不忍心呢？先生请直说吧。"

潘崇靠近商臣，耳语一番。

这天傍晚，商臣托言宫中有变，率军围住王宫。手持利剑，闯到楚成王面前。商臣在楚成王面前砍杀了几名内侍和宫女之后，便让人把白绫打个结，扔在地上，两头让两个武士拉着，然后对楚成王说："父王，您过来，把头放在这里，闭上眼睛，就什么痛苦都没有了。"

楚成王脸部的肌肉抽搐着，他惨然一笑，抓起地上的白绫，套在脖子上，商臣使了一个眼色，两个威猛的武士一用力，楚成王便气绝身亡了。

第二天，商臣临朝告谕群臣，昨晚楚成王暴疾而亡，自己身为太子，将登基成为新王。

韩非认为，对于检举揭发奸邪行为的检举人，必须严加保护，并对其检举的内容细节严格保密，一旦泄漏，危害特别大，首先对检举人的人身安全会构成威胁，而且还会影响案件的进一步调查（《八经》）。

楚成王之所有落得这样悲哀的结局，是因为他嘴巴不严，泄漏斗勃检举揭发商臣为人阴险狡诈，并且不同意立商臣为太子的谈话内容。紧接着王妹江芈乘一时的怒气，又泄漏了废太子的机密。一而再地泄漏机密，最终酿成了楚成王死于亲生儿子之手的惨剧。

对于检举人斗勃本应严格保护，对他揭发的内容本应严格保密，但愚蠢的楚成王口无遮拦，不但害死了检举人，还把自己的性命也搭上了。

有一种阴险的小人，为了得到上司的赏识，或者为了得到某种利益，不顾廉耻，充当黑心的告密者。最早的告密人据说是崇侯虎，他身处商纣王时代，距今约3100年。史料记载，商朝"三公"之一九侯的女儿被纣王纳入后宫，因不喜淫乐，被纣王杀死，九侯也被连累惨遭杀害。另一位"三公"认为商纣王不该滥杀无辜，与商纣王争辩了几句，也被杀害。最后一位"三公"周文王姬昌对商纣王的暴行也敢怒而不敢言，暗中叹了一口气，结果正好被站在身旁的崇侯虎看见，诡谲的崇侯虎，以周文王姬昌对商纣王杀害两公不满为由，告发周文王姬昌，周文王姬昌被打入大牢。后人认为，崇侯虎和姬昌的关系本来非同一般，但为了讨好纣王，竟干了出卖朋友的下作事，为世人所不齿。

告密和举报是不同的概念。举报出于公心，告密出于私欲；举报出于正义，告密出于邪恶。告密的动机无非两种：或是陷害他人，以泄私愤；或是邀功请赏，讨好卖乖。在中国古代，告密者是小人，而举报者则是正义的化身。

圣明的君主，致力于周密地处理事情，严格保护举报人，所以能够激发更多的人勇敢地维护正义，揭发奸邪行为，让奸邪的败类没有藏身之地。

心怀不轨的人，最喜欢刺探国家机密。或者拉拢国君身边的太监为自己提供情报；或者千方百计钻空子打听消息。

韩非在《备内》中说："故为人臣者，窥觇其君心也无须臾之休，而人主怠慠处其上，此世所以有劫君弑主也。"意思是：臣子无时无刻不在暗中观察君主的意图和动向，而君主却警惕性松懈，自以为高明，这是君主被侵害的原因。

春秋战国时期，甘茂担任秦国丞相。甘茂是一个阴险诡诈的人，他唆使手下偷听偷看国君的言谈举止。有一次，国君秦惠王与公孙衍商讨人事安排。秦惠王打算起用公孙衍当丞相，替换甘茂。不料，秦惠王与公孙衍这番谈话被甘茂的手下偷听到了。第二天，狡诈的甘茂进宫拜见秦惠王。甘茂苦笑着说："祝贺大王得到贤能的丞相。"秦惠王吃了一惊，问道："你就是贤能的丞相啊。从哪里又来了一个丞相呢？"甘茂说："大王不是想让公孙衍当丞相吗？"秦惠王说："先生从哪里得到的消息？"甘茂诡秘地说："是公孙衍告诉我的。"秦惠王不知道是甘茂耍的手段，误以为是公孙衍泄漏机密，气愤地把公孙衍驱逐出境。

国君与大臣的重要谈话，应该严格保密。然而秦惠王却疏于防范，让人轻易听到，造成国家重要人事变动因泄密而无法实施。

正如韩非所说，君主只有一双眼睛防备，而窥视君主的眼睛有几百双，所以做事情要周密，否则很容易泄漏机密而使国家遭受损失（《外储说右上五》）。

韩非在《说难》中也说："夫事以密成，语以泄败。"韩非认为：严守机密，事情才能成功。天机不可泄漏，这是众所周知的信条。国家大事就是天机，泄漏天机，会给国家造成重大损失。

臣子窥探君主的意图，手段是多种多样的，而且窥探的方式往往能骗过粗心大意的人。

齐宣王的夫人死了，齐宣王想立哪个姬妾为夫人呢？相国田婴就用了一个小花招来试探齐宣王心目中的意中人选谁。田婴让工匠制作了十个珠玉耳饰，而其中一个耳饰特别精美，他把这十个耳饰进献给齐宣王，齐宣王以为田婴在讨自己欢心，哪里知道田婴是在刺探自己的心机。第二天，田婴很注意观察君王姬妾们的耳朵，很快田婴发现最精美的那对耳饰挂在一个姬妾的耳朵上。田婴因此摸清了齐宣王心中的秘密，于是在朝廷上建议齐宣王立那个姬妾为夫人。齐宣王觉得田婴很了解自己，从此对田婴更加宠爱。可见朝廷中时时刻刻都存在着狡诈的行径和窥探的眼睛，君主必须严加防范。

韩非在《难四》中说："事以微巧成，以疏拙败。"意思是：事情因为严格保密、巧妙掩盖而得以成功，因为大意疏漏而导致失败。

作为一国之君做什么事情都要小心谨慎，一方面做事要严守机密，另一方面做事要沉着冷静，切不可感情用事，急功近利，鲁莽行事。

"躁则多费"。韩非指出，处理事务要沉着冷静，遇事不乱。浮躁会让事情变得更加复杂，更难处置。

英明的君主，当国家遇到危难时，要沉着冷静，不要惊慌失措。要及时找到有效的办法，应对突发事件，使国家回到正常的运行机制上来，让社会恢复到正常的秩序上来。

春秋时期，有一天，齐国国君齐景公正在少海渡假，一匹快马驶来，报告说："相国晏婴病危，快不行了，大王赶紧回朝，晚了恐怕就见不上面了。"

齐景公立即叫来马车，让最得力的车手韩枢驾车。车行数百步，齐景公嫌车走得太慢，一把夺过缰绳，亲自驾车。又行了数百步，仍嫌车走得慢。齐景公索性跳下马车，跑步赶路。

人那有马车跑得快呢？齐景公由于心急，头脑发热，自以为跑步比马车走得快，结果是适得其反。

这个故事告诉我们一个道理：在工作中，遇到紧急情况，情绪不要失控。应该保持头脑清醒，沉着冷静，机智应对。

韩非说："众人之用神也躁，躁则多费，多费之谓侈。圣人之用神也静，静则少费，少费之谓啬。啬之谓术也，生于道理。"（《解老》）意思是很多人性情急躁，急躁就容易消耗精神，造成精力浪费。聪明的人，沉着冷静，懂得用心计去处理事件的道理。

春秋战国时期，齐国国君齐桓公娶了蔡国国君的女儿为妻，有一天，齐桓公与妻子在湖上划船游玩，妻子摇桨，妻子玩得高兴，就把船荡得摇摇晃晃，吓得齐桓公紧叫停下，妻子兴致正高，齐桓公越害怕，她越把船摇晃得更厉害。事后齐桓公气急败坏地把妻子赶回了蔡国。过了些日子，齐桓公想妻子了，就派人去召妻子回来。谁知倔犟的妻子已经改嫁他人。

齐桓公听到这个消息，暴跳如雷，要起兵讨伐蔡国。管仲劝谏说："国君请息怒，为一个女人而讨伐一个国家，这不符合国家利益，要从长计议。"

齐桓公听不进去，仍然坚持出兵讨伐蔡国。管仲说："国君遇事要冷静啊。非得要讨伐蔡国，也要找个其他理由，名正则言顺，出师有名，才能取得国际上的支持，否则有失国家尊严啊。"

听了管仲这席话，齐桓公才冷静下来。后来管仲出了个主意，先出兵讨伐楚国，因为楚国已经三年不向周王朝进贡了，为周天子讨伐楚国名正言顺。回过头来才讨伐蔡国，理由是我们齐国为周天子伸张正义，讨伐楚国，蔡国没有出兵支持。

韩非在《亡征》中说："很刚而不和，愎谏而好胜，不顾社稷而轻为自信者，可亡也。"意思是：刚愎自用，争强好胜，不听劝告，不顾大局，就可能产生危害。

作为一国之君，处事不冷静，凭一时冲动去发号施令，就有可能把事情弄得雪上加霜，难以收场。

韩非说："知治人者，其思虑静；知事天者，其孔窍虚。思虑静，故德不去；孔窍虚，则和气日入。故曰：'重积德'。"（《韩非子·解老》）意思是说，懂得理政的人，他考虑问题很冷静；懂得尊重自然的人，他虚怀若谷。遇事冷静，处理问题就有章法；虚怀若谷，就可以容纳正气。所以说，经验不断在丰富。

韩非给有急躁毛病的为政者处理事件提了个醒。

战国时期，有一个魏国官员叫西门豹，性子很急，动不动就生气。有一次，他在吃一个煮熟的鸡蛋，用筷子去插，一下子没插着，就大怒。把鸡蛋扔到地下，鸡蛋在地下滚来滚去，他就用脚去踩，但又没踩着，更生气。他从地下把鸡蛋捡起，放进嘴里，狠狠地咬碎，又狠狠地吐到地下。

公元前467年，西门豹被朝廷任命为邺县县令。为了改变自己性情急躁。做事冲动的坏毛病，西门豹就在自己身上扎了一条质地非常柔软的皮带，以提醒自己做事要以柔克刚，要沉着冷静，三思而行。初到邺县，西门豹发现这里人烟稀少，田地荒芜，百业萧条。原来邺县每年都遭受旱灾。女巫勾结地方官员，假借为河神娶妻的名义，榨取民财。女巫散布谣言说，只要每年把一个美女投入江河中，给河神做老婆，就不会闹旱灾了。当地许多老百姓害怕自己的女儿被选中投入江河，便带着女儿和家人逃往家乡。了解情况后，西门豹经过仔细考虑，决定以恶治恶。到了女巫举行河神娶妻仪式的这一天，西门豹作为县令亲自到现场指挥。西门豹说：“新郎住在水晶宫里，我们都没有见过新郎，按照风俗习惯，我们要请新郎亲自到岸上来迎娶新娘。”西门豹接着说：“这门亲事，是女巫娘娘做的媒，现在有劳女巫娘娘到水晶宫去请新郎。”说完，命令官吏把女巫娘扔进河里。过了一会，西门豹说：“女巫娘娘怎么去了那么久还不回来？再派一个官员去催促一下。”话声刚落，那些借此敛财的官员，一个个趴倒在地下，向西门豹磕头求饶。从此以后，再也没人敢提为河神娶妻的事情了。后来，西门豹发动邺县人民开凿了十二条水渠，引河水灌溉农田，人民的生活大大改善。

韩非认为，明主致力于周密地处理事务。冷静思考，就能驾驭事物，战胜困难（《八经》）。西门豹不鲁莽行事，而是精心策划应对“河神娶妻”事件，既惩罚了坏人，又教育了百姓，让邺县人民拍手称快。

韩非又说，知道治理人民的人，能够冷静的思考问题，应对问题沉着冷静，就不会与人民离心离德（《解老》）。

君主在治国理政中，应该十分注意工作方法，不要意气用事，不要急功近利，不要急于求成。听取意见时，更要耐心倾听，虚心求教。

韩非在《内储说上七术》中说：“一听则愚智不分，责下则人臣不参。”意思是，君主听取汇报，听不明白就责备下属，那么下属就再也不敢提出参考意见。

听汇报要有耐心，听一次汇报，得不到想要的结果，就应该多听几次，多听几个人的汇报。简单粗暴，就会堵住下属的嘴，再也听不到好的意见。

君主想了解事情的真相，必须讲究方式方法，有时还要运用智慧，设计周密的“圈套”，把想要的真话套出来。

韩昭侯是战国时期韩国的君主，为了检验身边的侍臣对自己忠不忠心，他故意握住自己的手指，说我的指甲脱落了，你们赶紧帮我找回来。众侍臣四处寻找，一无所获。有一个侍臣撕下自己的指甲，献给韩昭侯。韩昭侯用这种方式，获得了侍臣对待君主态度的基本信息。

阳山君担任卫国丞相，他听说国君怀疑自己的忠诚，于是就假装诽谤国君的近臣樛竖来探测国君是否真的不相信自己。所以作为一国之君，要学会用智谋来了解实情，同时也要预防奸臣用阴暗的手段来窥探自己的心思和意图。

庞敬是一个县令，他发现有的下属作风散漫，于是故意设了一个让众下属摸不透的局，他召集下属开会，人员到齐后，庞敬一声不吭，坐了一会，庞敬突然宣布散会。县令一句话都不说，就散会了，大家莫名其妙，满脸狐疑，不知县令葫芦里卖什么药。从此以后，下属们都小心翼翼，好自为之。

当发现下属有问题后，庞敬不急不躁，不露声色，用一种让下属摸不着头脑的小计策，就把问题解决了，这就叫讲究工作方法。

韩非在《亡征》中说："变褊而心急，轻疾而易动发，心悁忿而不訾前后者，可亡也。"意思是：心胸狭窄，性情急躁，轻率易怒，是非不分，就可能产生祸患。

简单粗暴、野蛮理政的国君是没有好结果的。

芈熊虔是楚共王的次子，公元前541年，楚王楚郏敖生病卧床，芈熊虔借入宫探病之机，用束冠的长缨将楚郏敖勒死，并于公元前540年自立为楚国国君，更名为虔，是为楚灵王，立都于上郢。楚灵王是春秋时期有名的穷奢极欲的昏暴之君。

芈熊虔即位时，是楚国与晋国平分霸权的时代。楚灵王三年（前537年），楚国会诸侯于申地。可是，晋国、鲁国和卫国没来参加，宋国只派了一个代表到场。这使楚灵王很不愉快，尤其对于晋国没有参会，楚灵王更是恼怒不已。

大臣伍举告诉楚灵王："这情况不是一个好兆头，我们一方面要对到会各国以礼相待，另一方面要展示我们的武力，使诸侯心存敬畏，然后再讨伐那些没有到会的诸侯。”

楚灵王没有把伍举的话当回事。他在这次会盟中，肆意释放自己粗暴的脾气，处处表现出骄纵的陋习。他当场侮辱别国派来的使臣，杀死一些无辜的下属，并且对来会盟的各国君王毫无礼貌，引起各诸侯国及本国大臣的怨恨。

楚灵王对外施行强权政治。为了所谓的伸张正义，他派兵进攻吴国的朱方（地名），俘虏了逃到那里避难的原齐国令尹庆封，并杀死他家一族人，还将庆封拉到街上示众。楚灵王向着公众宣布说：“大家都不要学庆封的样子。他杀死了自己的国君，欺压老百姓，还强行让大夫们都支持他。”

庆封反唇相讥说：“大家也不要学楚共王的儿子围那样。杀死了自己的国君，那国君便是自己亲哥哥的儿子，还要强行让诸侯们支持他。”

庆封锐利的反击，羞得楚灵王面红耳赤，无地自容。满街的民众见此情景都掩口而笑。楚灵王恼羞成怒，下令杀死了庆封。

楚灵王为了维持霸主国的面子，四处征讨，与各诸侯国之间战争不断。他借平定陈国内乱为名，杀了几个导致陈国内乱的大夫，却趁机灭掉了陈国，又诱杀蔡灵侯，不顾诸侯调解，攻灭蔡国，甚至把蔡国的世子有杀了祭神。楚灵王穷奢极欲，劳民伤财修建宫室，造起了一座名为“章华宫”的宫殿，占地四十里，中建高台，台高三十仞，叫做“章华台”，又叫“三休台”，取其高大，登上台顶中间要休息三次；又在台周围修建了大量亭台楼榭，非常精美。建好高台后，楚灵王又派臣子去诸侯国召集诸侯，来庆贺落成，并从此住在章华宫中享乐起来。

灵王十一年的冬天，楚灵王又发兵去打徐国。当时正值下雪天气，士兵们身着铁甲。手执兵器，暴露在风雪之中，寒冷难耐。楚灵王却身穿“腹陶裘”，外披“翠羽披”，头顶皮帽，足踏豹皮装饰的锦靴，站在中军帐前观看雪景，连声赞叹“好雪”。

楚灵王为所欲为，花天酒地，暴殄天物，乱征滥伐，犹如战争狂魔，耗费了先辈多年的积累，丧失了民心。

攻打徐国到了乾溪这个地方，楚灵王索性在乾溪住了下来，每天吃喝玩乐，完全把本国大事抛在脑后。右尹郑丹曾经劝他班师回国，本来已经说动了，却正好伐徐的将领传来捷报。楚灵王以为徐国早晚可灭，也就打消了班师回国的念头。他常年在外征战，却不料国内出事了。蔡公弃疾（楚灵王的弟弟，后为楚平王）等人趁楚灵王不在家，杀掉楚灵王的儿子太子禄和公子罢敌，立自己的另一个哥哥公子比为王；同时还派人到乾溪去，向楚国的官兵说："你们的国家已经换了新的国王，你们要回去的，可以留任原来的官位，你们所拥有的土地也可以归还你们；如果你们不回去投靠新王，继续跟着这个昏君，那么你们被抓住以后，就要被杀头并夷灭三族。"

楚灵王的部队本来就满腹怨恨，听到这个消息，官兵作鸟兽散，只剩下楚灵王及随从留在乾溪。

这个昏庸的君王见自己的王位丢了，还听说自己的儿子也被杀死，就倒在地下号啕大哭，喊天呼地。他对旁边仅存的两个随从说："我不是为自己伤心，我是为儿子伤心。我对儿子多好啊，怎会遭到这种报应啊？"

这时一个随从说："你杀别人的儿子太多了，能不到这种地步吗？"楚灵王被他抢白了这一句话，当即止住了眼泪。

这时，郑丹来到他的身边。楚灵王非常信任他，就问郑丹，郑丹说："我看你应该回到楚都的郊外，看看国人的反应怎么样。"楚灵王慌忙摆手："这还用看吗？我要是到了他们的手上，他们准得把我杀了。"

郑丹说："那你就去诸侯国找救兵吧。"

楚灵王说："那也不行，我把他们的王给得罪了，谁会在这时候帮助我呢？"郑丹觉得这个以前不可一世的君主，如今真正可怜极了，真是多行不义必自毙，最后觉得自己也帮不了他，便离开了他。

楚灵王孤独极了，一个人在山里闲荡，走得饿了，就想下山去要点吃的。他遇上以前的一个熟人涓人畴，就热情地和他打招呼说：“我都三天三夜没有吃东西了，给我一点儿吃的吧。”可是涓人畴说：“我们的新国王已经下达命令，谁要是送你吃的，就会被杀头。”楚灵王又气又饿又累，一下倒在了地下，正好压在了涓人畴腿上，昏了过去。涓人畴把自己的腿挪开，边走嘴里还边说：“你这罪恶滔天的家伙，也有这一天啊。”楚灵王后来又遇到大夫申无宇之子申亥。申亥把楚灵王请到家中，给他饮食。在申亥家里，楚灵王如失魂落魄的丧家犬，衣不解带，哭得死去活来。半夜里，楚灵王上吊自缢而死。

两千多年来，楚灵王作为暴君昏主的典型而受到历代史学家的批评。楚灵王性格暴躁，对内滥杀无辜，穷奢极欲，对外穷兵黩武。这就是他下场可悲的原因。

所以韩非说，心胸狭窄，性情急躁，轻率易怒，是非不分，就可能产生祸患。

第十二讲 与其用一人，不如用一国

如何依靠集体智慧治理国家，韩非在《八经》一篇中说：“力不敌众，智不尽物。与其用一人，不如用一国。”意思是说：君主一个人的力量敌不过众人的力量，一个人的智慧治理不了万物。与其用一个人的智慧，不如用全民的智慧。

靠一个人的力量和智慧，不能使国家强盛。作为一国之君，光有雄心壮志，一腔热情，而没有贤臣忠臣的辅佐，强国的梦想只能是一堆肥皂泡。

韩非在《主道》一篇中说：“明君之道：使智者尽其虑，而君因以断事，故君不穷于智；贤者敕其材，君因而任之，故君不穷于能。”意思是说：英明的君主，善于充分挖掘他人的智慧，利用他人的聪明才智来做决策，因此君主有用不完的智慧。英明的君主，充分调动贤能人才的积极性，让他们在各自的岗位上发挥作用，所以君主有无穷的能量。

韩非的这段论述，阐述了理政者应该掌握的领导艺术和技巧，个人的智慧毕竟是有限的，要善于利用和借助别人的智慧和能力来实现远大的理想。

韩非在《难二》一篇中说：春秋时期的楚庄王之所以能成为五个霸主之一，是君主和大臣齐心协力共同努力的结果。楚庄王少年即位，当时，面临朝政混乱，国力衰退的局面，他胸怀强国之梦，却苦于没有得力的干将辅佐，为了稳住事态，他表面上三年不理朝政，实则暗地里物色到了一大批忠臣良将，其中有苏从、伍参、孙叔敖、沈尹蒸等。有人问他为何不奋发图强，他说："三年不飞，飞将冲天；三年不鸣，鸣将惊人。"三年后时机终于成熟，在众多大臣的拥护下，他整顿朝纲，兴修水利，重农务商，国家日渐强盛。公元前597年，大败晋军；公元前594年，迫使宋国订下城下之盟，并陆续使鲁、陈、郑等国归依，楚国一跃成为春秋五霸之一，实现了强国的梦想。这是君臣合力治理国家的结果。

作为一国之君，除了善于凭借大臣的智慧和力量来统治国家之外，在某些情形下，也要发动群众，依靠群众，借助人民的智慧和力量来达到国泰民安的目的。

韩非在《奸劫弑臣》一篇中说："明主者，使天下不得不为己视，天下不得不为己听，故身在深宫之中而明照四海之内。而天下弗能蔽弗能欺者，何也。"就是说光靠一个人的眼睛来看事物，光靠一个人的耳朵来听情况，是很容易受蒙蔽和欺骗的。要相信群众、依靠群众，多听群众的意见。群众反映的情况是最真实的，借助群众的智慧和力量来治理国家，是明智之策。

依靠群众，听取群众意见有很多种方式，可以召集群众代表座谈，也可以亲自深入基层，调查研究。

春秋时期，齐国国君齐桓公是一个雄才大略的君王。在春秋三百年的历史中，他是公认的最伟大的一代君王，功业卓著。他九合诸侯、一匡天下的策略促进了中华民族之间的交流，也促进了中原内地的政治、文化、经济交流，他尊王攘夷的政治主张为建立一种新的"国际秩序"提供了保障措施。

齐桓公非常注重考察民情，经常深入农村微服私访。有一次，齐桓公在微服私访中，了解到社会上出现了一部分大龄农民，他们很难娶到老婆。回到朝廷，他便问管仲："丞相，我们齐国有没有年纪很大却没有娶妻的人？"管仲回答说："东门有个叫鹿门稷的人，七十岁还没有娶过妻子。"齐桓公又问："怎样才能使他有妻子？"管仲说："上面有积累的财富，下面的臣民就一定会贫穷困乏，宫中有多余的宫女，民众就会有年老还没有娶过妻子的人。”齐桓公说：“说得好哇。”于是命令男子二十岁成家，女子十五岁出嫁。宫里凡是没有被君王宠幸的宫女都让她们回家嫁人。这个例子说明齐桓公早期非常重视国家的稳定，时刻查找国家存在的问题，常常亲自到民众中了解情况，掌握第一手资料。

正如韩非在《内储说上七术》中所说：“观听不参，则诚不闻；听有门户，则臣壅塞。”意思是听取汇报，不经实地考察，就不了解实际情况。只听一面之辞就会被臣下蒙蔽。

一个人的智慧是很有限的，韩非在《奸劫弑臣》中说：“人主者，非目若离娄乃为明也，非耳若师旷乃为聪也。目必不任其数，而待目以为明，所见者少矣，非不弊之术也。耳必不因其势，而待耳以为聪，所闻者寡矣，非不欺之道也。”意思是作为君主，并不是像离娄的眼睛那样锐利才能看得清楚，并不是像师旷的耳朵那样灵敏才能听得明白。观察事物不讲究方法，只依靠自己的眼睛来观察，所观察到的情况必然有限，这不是避免上当的办法。打听情况不利用优势，仅依靠自己的耳朵来倾听，所听到的情况必然有限，这不是避免受骗的办法。所以作为一国之君，要利用人民的眼睛和耳朵，才能得到全面真实的情况，制定出正确的治国方略。

韩非又说：“以一得十者，下道也；以十得一者，上道也。明主兼行上下，故奸无所失。”意思是说：以一个人的耳目观察十个人的行为，是下策；以十个人的耳目观察一个人的行为，是上策；上下策兼用，就没有闪失。

苏代为燕国去游说齐国，没有见齐威王之前，先拜访了齐国大夫淳于髡，对淳于髡说道：“有一个卖骏马的人，接连三天守候在市场里，也没有人来问马。卖马人很着急，于是去见伯乐说：‘我有一匹骏马，想要卖掉它，可是接连三天守候在集市里，也没有一个人来问一下，希望先生您能绕着我的马看一下，离开时还回头看它一下，这样我愿意奉送给您一天的费用。’伯乐接受了这个请求，于是就绕着马转了几圈，离开时还回头再看了一眼，结果一下子马的身价暴涨了十倍。现在我想把‘骏马’送给齐威王，可是没有人替我前后周旋，先生有意做我的伯乐吗？请让我送给您白璧一双，黄金千镒，以此作为您的辛苦费吧。”淳于髡说：“愿意听从您的吩咐。”淳于髡进宫向齐威王作了引荐，于是苏代得到了齐威王接见。

卖马人借助了伯乐的影响力，守了三天都卖不出去的马，一下子就卖出去了，而且马的价钱涨了十倍。一个人的能力是有限的，只有借助其他人的力量，才能把事情办得更好。苏代作为说客，想见到齐国君主齐威王，但想要得到君主的接见不是一件容易的事情，他借助大夫淳于髡的引荐，才得到齐威王的接见，所以借助他人的力量，是办事成功的途径。君主也是个体，要想取得治国的最佳效果，借助群众的智慧和力量是明智之举。

晋国国君晋平公问叔向：“从前齐桓公九次联合诸侯，使天下各国结成联盟，这样的丰功伟绩，是靠臣子的力量，还是君主一个人的力量？”叔向回答说：“管仲善于裁剪，宾胥无善于缝纫，隰朋善于修饰，衣裳因此做成，君主把衣裳穿上。这是臣子的功劳，君主哪有功劳呢？”师旷笑道：“臣子只是负责烹饪食物，食物烹饪好了，君主不吃，谁敢强迫他吃呢？君主就好比土壤，臣子好比草木，只有土壤肥沃，草木才能茁壮，这是君主的功劳，臣子有什么功劳呢？”

晋平公和叔向这对君臣讨论的是个人的力量起作用，还是集体的力量起作用问题。韩非认为，叔向和师旷的看法都是片面的，取得事业的成功，不是单靠君主的力量或是单靠臣子的力量，靠的是集体的力量。因此，以个人意志去治理国家是不科学的，是把天下私有化的错误理政观念，其危害不容小视。

韩非在《观行》中说：“古之人目短于自见，故以镜观面；智短于自知，故以道正己。”意思是古人看不见自己的容貌，所以借助镜子来观察自己的容貌；凭个人智力发现不了自己的缺点，所以凭借有效的方法来端正自己的行为。韩非认为，能够以长补短，以余补缺的人称之为英明的君主。

郑国丞相子产经过都城东匠巷大门时，听到有个女子在哭泣，子产示意车夫把车子停下，然后子产竖起耳朵仔细听那女子的哭声。回到朝廷，子产命令官差把那女子抓了起来。车夫问子产："为什么要抓那女子？"子产说："从她的哭声里听得出来，带有一种恐惧的情调。对自己的亲人刚生病时，心情是担忧；病人快死时，情绪是恐惧；已经死了，情绪应该是悲伤。她的丈夫死了，哭的声调应该是悲伤的，但她的情绪是恐惧，说明她丈夫不是正常死亡。"经过审问，果然不出子产之所料，那女子因为与别的男人有奸情，毒死了自己的丈夫。

韩非认为，对于案件，应该交给司法人员去处理，作为一个丞相，个人智力和时间有限，不应该亲自去探听案情，而应该依靠主管案件官员的力量。有限的不能胜过众多的，依靠众人来治理国家才是正确的方法。正如老子所说："以个人智慧来治理国家，是国家的祸害。"

韩非在《难四》中说："汤、武之所以王，齐、晋之所以立，非必以其君也，彼得之而后以君处之也。"意思是：商汤、周武之所以称王，齐国、晋国之所以称霸，非君主一人之力，是因为他依靠人民推翻了旧君主而被拥立为王的。

也就是说，君主的王位是人民给的，人民不拥护他，他就不能为王。人民才是天下的主人，把天下当成君主私人的天下，以个人意志来治理天下，是倒行逆施的行为。

秦昭王生病了，秦国的老百姓纷纷宰牛作为祭品来为秦昭王祈祷，祝他早日康复，万寿无疆。公孙述见到这种情况，就向秦昭王汇报说："大王的恩德超过尧舜了。"秦昭王问："从何说起？"公孙述说："从前尧舜在位的时候，没有出现过老百姓为他们宰牛祈祷的情况，如今大王生病，老百姓都自发宰牛为大王祈祷，所以说大王的功德胜过尧舜。”

秦昭王傲慢地说：“并不是因为我爱民众，他们才为我宰牛祈祷，而是因为我有权有势，他们才恭维奉承我，我才不会去爱民众呢。”

秦国遭遇大饥荒，大臣应侯请求说：“大王，国家粮库里囤积有大量粮食，请开仓救济灾民吧。”秦昭王说：“民众无功无劳，为什么要开仓救济他们？如果让无功无劳的民众得到救济，反而会造成混乱。不如让他们饿死，以正我秦国赏功罚过之威名。”

面对挣扎在死亡线上的灾民，秦昭王见死不救，没有一点怜悯之心。宁可让老百姓饿死，也要维护其所谓的尊严。可见秦昭王的治国理念存在严重误区，在他看来，天下是他一个人的天下，他想怎么治就怎么治，这完全背离了正确的方向。作为一国之君，应该清醒的认识到，天下是天下人的天下，不是你秦昭王一个人的天下，你不为人民谋幸福，人民就不会拥护你。

好得秦昭王能及时清醒，转变治国理念，重建治国方略，重用范雎、白起等贤能人，才使秦国走上富强的道路。

韩非在《亡征》中说：“好以智矫法，时以行杂公，法禁变易，号令数下者，可亡也。”意思是：以个人意志凌驾于法律之上，把个人行为作为理政的准则，朝令夕改，随心所欲，就会对国家造成危害。

韩非在《八经》中说：“下君尽己之能，中君尽人之力，上君尽人之智。”意思是：平庸的君主以一己之力治国，比较聪明的君主以众人之力治国，高明的君主以全民的智慧治国。

第十三讲 为其后可复者也

“为其后可复者也，则事寡败矣”是韩非说的。意思是事前要想到事后，考虑事情要有长远的眼光，深谋远虑，高瞻远瞩，那么成功的概率就大，失败的概率就小。

作为一国之君，应该有雄才大略、远见卓识。目光短浅、缺乏远见是昏君，亡国之君。

韩非在《难一》一篇中记载：晋国国君晋文公召来大臣舅犯，征求意见，晋文公说：“我们国家要和楚国打仗，他们人多我们人少，怎么打呢？”舅犯说：“讲究礼仪的君子，追求忠诚和信用；两军作战时，不能片面讲信用，要使用欺诈的手段。”晋文公又召雍季来商量与楚国打仗的事，雍季说：“烧毁森林来打猎，暂且可以获得较多的猎物，但从长远的利益来说，以后就没有猎物了。用欺诈的手段来打仗，暂且可以骗得一时，但以后就再难重复了。”听了两位大臣的意见，晋文公采用舅犯关于欺诈的计谋，打败了楚国人。论功行赏的时候，雍季记头功，舅犯次之。对此群臣议论纷纷，说：“取得战争的胜利，用的是舅犯的计谋，却把头功记给雍季，这样做不合适吧？”晋文公说：“这其中的奥妙，你们是看不见的。舅犯的计谋是权宜之计。而雍季的建议是长远之计，有助于长远发展。”

孔子听说这件事后，评价说：“晋文公称霸天下，是理所当然的，他既懂得考虑眼前利益，又重视长远利益。”

韩非指出，火来水淹是人们都明白的道理，也就是说水能胜火是人们都知道的常识。然而，在某种条件下，火也能胜水。比如说把水放入铁锅里，用火去烧烤铁锅，就可以把水煮干。所以理政者，不要只看眼前，要站得高，看得远。

春秋战国时期有一个非常有远见的政治家和经济家，他的名字叫范蠡。

公元前494年吴国打败越国。越王勾践及五千兵马被围困在绍兴北部的会稽山上。勾践无路可走，准备自杀。这时谋臣范蠡向勾践断言："越必兴吴必败。"他又进谏："屈身以事吴王，徐图转机。"在越国面临穷途末路之时，范蠡就以政治家的战略眼光预言越国还有东山再起的希望。

果不其然，二十年后的公元前473年，死而后生的越国打败吴国，一雪前耻。就在越王勾践庆祝胜利，封赏功臣之时，范蠡又断言勾践"只可共患难，不可同安乐"，婉言辞谢勾践的封赏，带着西施离开越国。并劝文种离开勾践，文种不听，留下来担任相国。不久，勾践听信谗言，赐给文种一把名为属缕的剑逼文种自杀。又应了范蠡的断言。

范蠡不但是一个具有远见卓识的政治家，也是一个高瞻远瞩的经济家。据《三农纪》记载，范蠡离开越王勾践以后，涉三江，入五湖，来到太湖边，他发现太湖水质好，鱼类多，就在太湖一带养鹅，后来又种桑养蚕，投资水产养鱼等行业，成为富商。

范蠡是水产渔业的祖师爷, 公元前473年范蠡在蠡墅隐居时，所著《养鱼经》距今有2400多年的历史，是世界上公认的第一部养鱼专著。在这部书中，对养殖对象、建造鱼池工程、密养轮捕、良种选留及产子孵化等方面均有论述。 范蠡的《养鱼经》对我国两千多年来的养鱼业发展，起到了相当大的作用，时至今天，它对我国的渔业生产仍有一定的现实意义。

范蠡治产经商，富至巨万。他总结出一套管理术，提出"物价贵贱随供求关系变化"之理论，开认识价值规律之先河；他主张商品流通、平抑物价、先富带后富，提出经商要“择人任时”的经济思想，具有划时代的开创性意义。

范蠡在政治、商业领域成就了超凡的伟业。他深谋远虑、韬光养晦、发家致富的智慧至今仍有借鉴价值。

韩非在《孤愤》中说：“智术之士，必远见而明察，不明察，不能烛私。”意思是：有智慧的人，必然有远见而且能明察秋毫，不明察，就不能辨别真伪。

春秋时期，晋国准备攻打虢国，攻打虢国要经过虞国，虞国肯借道吗？晋国大夫荀息说：“虞国国君是个目光短浅、贪小便宜的人，只要送给他美玉和宝马，他一定会答应借道的。”果然，鼠目寸光的虞国国君得到晋国送的美玉和宝马之后，很快答应借道给晋国。虞国大夫宫之奇阻止说：“虞国和虢国唇齿相依，唇亡则齿寒啊。晋国打下虢国之后，回过头来肯定会收拾我们的。不能借道给晋国啊。”虞国国君不听，坚持借道给晋国。果然不出宫之奇所料，晋国灭了虢国后，顺手把虞国也灭了。

虞国国君确实缺乏远见，目光短浅，为贪图眼前利益，把国家给葬送了。这样的国君，即使晋国不灭他，他也没有能力建立一个富强的国家，因为他缺乏深谋远虑、远见卓识这样的素质。

再来看看老谋深算的秦穆公是怎么打败晋国，成为春秋五霸之一的。秦穆公是秦国君主，秦穆公为求将来做霸主，有意拉拢实力比秦国强大的晋国，向晋献公提亲，晋献公就把大女儿嫁给了他。后来，晋献公年迈昏庸，宠妃骊姬发动政变害死了太子申生。晋献公另外两个儿子夷吾和重耳为了活命，分别逃往他国避难。后来，晋国大臣里克杀死骊姬，想迎接重耳回国当国君，秦穆公也有这样的想法，欲护送重耳回国继承王位。但秦国大臣认为重耳贤能皆胜过夷吾，让重耳回国，会使晋国变得强大，从而对秦国产生威胁。于是秦穆公转而护送夷吾回国当了晋国国君。夷吾（晋惠公）当上国君后，杀死里克等老臣，又派人追杀重耳，并且恩将仇报，发兵攻打秦国。秦国奋力反击，晋国终惨败求和，夷吾不得不割地求饶，还叫儿子公子圉到秦国做人质，这才将两国的关系修好。

秦穆公为了掌控公子圉，把自己的女儿怀嬴嫁给了他。不久，公子圉听说自己的父亲夷吾病了，害怕国君的位置会被传给别人，就扔下妻子，一个人偷偷跑回晋国。第二年，夷吾一死，公子圉就做了晋国君主，跟秦国不相往来。没想到公子圉又是一个忘恩负义的人，秦穆公当然很生气，立即决定帮助重耳夺取晋国国君之位。重耳在秦穆公的帮助下攻下晋都，并派人杀死公子圉（晋怀公），重耳当上了晋国国君（晋文公），秦穆公为了牵制晋国，又把女儿怀嬴改嫁给了重耳。

老谋深算的秦穆公通过与晋国和亲，拉近了两国之间的关系，以消除晋国对秦国的威胁。但贤能的重耳治国有方，先秦国一步成为有名的"春秋五霸"之一。秦穆公也在重耳死后不久，借机打败已经成为中原霸主的晋国，也成了"春秋五霸"之一。

秦穆公为了成为霸主，深谋远虑，采取"欲擒故纵"的策略，这是其取得成功的关键因素之一。

韩非说："起事于无形，而要大功于天下，'是谓微明'。"（《喻老》）意思是暗中谋划，等待时机成熟，才一举成大事，这就叫深谋远虑，高瞻远瞩。

周武王伐纣的计划早在周文王时就已经制订，并暗中强兵笃武，但当时商纣王的国力还未衰落，周文王死后，周武王继位，这时，商纣王荒淫无度，注酒为池、悬肉为林，男男女女赤身裸体长夜饮酒作乐。可见商纣王腐败到了极点，且商王朝国力已经衰微。时机成熟，周武王带着三千人马，打败了商纣王的十七万人马，商王朝灭亡。

周文王深谋远虑，周武王英明果断，周王得天下。

韩非说："处小弱而重自卑，谓'损弱胜强'也。"（《喻老》）意思是处在弱势时，做人做事故意低调，暗中积蓄力量，当能量足够时，就能以弱胜强。

作为一国之君，肩负着治理天下的伟大使命，不能眼光短浅，鼠目寸光。

春秋时期，卫灵公重用奸臣弥子暇，有个侏儒拜见卫灵公，对卫灵公说："我做了个梦。"卫灵公问："什么梦？"侏儒说："我梦见了一个灶头。不想今天就见到您了。"卫灵公生气地说："见到君主应该梦见太阳，怎么你梦见灶头呢？"侏儒说："太阳光辉普照天下，任何东西都遮挡不住它的光芒。人民的君主站得高，看得远，所以没有人能遮住他的光辉。如果一个人站在那里就可以把它的光芒遮住，那发光的不是灶是什么？"

君主都被比喻为太阳，侏儒却把君主比喻成做饭做菜用的灶，这让卫灵公陷入了深刻的反省之中。后来卫灵公终于想通了，这个遮住他光芒的人就是弥子暇，于是卫灵公痛下决心，把蒙蔽君主，操控王权的奸臣弥子暇赶出了朝廷。

英明的君主，应该像太阳一样，高瞻远瞩，把温暖的阳光洒向大地，为万民谋幸福。

韩非认为：英明的君主，对事件的发生和发展要有预见，有预见，才能有远见，有远见就能无往而不胜。（《说林二》）

鬼谷子是一位传奇人物，姓王名诩，生活在群星璀璨的春秋战国时代，是"诸子百家"之一纵横家的鼻祖。他曾任楚国宰相，后归隐卫国授徒，因其隐居于清溪鬼谷，所以人称"鬼谷子"。鬼谷子先生是一位罕见的奇才、全才，他既有政治家治国理政之才，又有纵横家风云捭阖之术。纵横战国的政治家、外交家苏秦、张仪是其高足，著名的军事家孙膑、庞涓也是其得意门生。他的主要著作《鬼谷子》一书，主要是针对谈判游说活动而言，但其中也涉及大量谋略问题，它讲述了纵横家们怎样预测事物的发展变化过程，怎样把握人们思想变化的关键，采用什么样的辩论方法和语言，如何察知游说对象的真实意图，如何利用对方的弱点发挥自己的优势，如何利用有利的时机，从而说服真正握有一国政治、经济、军事大权的诸侯国君主。而他的另一部主要著作《本经阴符七篇》则讲述应该效法五龙、灵龟、螣蛇、伏熊、鸷鸟、猛兽等灵蓍，养神、养志，并深谋远虑，预先察知事物的征兆，从而获得成功。

鬼谷子的弟子孙膑，最能运用老师《本经阴符七篇》中“深谋远虑，预先察知事物的征兆，从而获得成功”的精神，取得战争的胜利。

公元前353年，魏国出兵攻打赵国。精通兵法的魏国大将军庞涓率领军队一直打到赵国的都城邯郸（今河北邯郸）城下。赵国有亡国危险，连连向齐国求救。这一天，齐威王召来军师孙膑，准备拜他为将。孙膑辞谢说：“我受过酷刑，是个身体残废不全的人，不适宜担任主帅。”原来，孙膑曾和庞涓一起学兵法。后来庞涓当了魏惠王的将军，自知才能不如孙膑，就把他骗到魏国，在魏惠王面前诬陷他，削去了他的膝盖骨，还在他的脸上刺字，好叫他永远不能出来做官。不久他被救到齐国，齐威王拜他为军师。现在，齐威王见孙膑这样谦让，就改派田忌为将，仍让孙膑作为军师。兵马开到齐国国境线上时，田忌准备挥师直往赵国，以解邯郸之围。孙膑劝阻道：“且慢，将军先听我打两个比方：凡是要解开杂乱打结的绳索的，切不可心急地使劲去扯，而要冷静地找出它的结头，然后慢慢地解；假如让互相凶狠地斗殴的人得到和解，千万不可卷进去打成一团，而要避开双方的拳脚，只消找个空当猛击其中一方空虚无备的腹部，待挨揍的那个对手捧着肚子跪了下来，那么原来互相殴斗的局面，也就会改变了。”

田忌问：“您的意思说我们现在先不去赵国，是吗？”孙膑胸有成竹地说：“是的。现在魏国主力正在猛攻赵都邯郸，国内相当空虚。我们只要直捣魏都大梁，占据他们的交通要道，袭击他们守备空虚的地方，那么魏军主力必然会从赵国撤兵，赶回去抢救。这样，我们既可解邯郸之围，又能狠狠打击魏军，不是比赶到邯郸去断杀要便利得多吗？”

田忌采纳了孙膑“围魏救赵”的计策，率军直奔大梁。魏军主帅庞涓得到这个消息，只得丢下邯郸，慌忙回国解大梁之围。可是，当魏军赶到桂陵（今河南长垣县西北）时，遭到田忌、孙膑设在这里的伏兵袭击。疲惫不堪的魏军与齐军刚一交手，就被打得溃不成军。这一仗，庞涓损失了两万人马，自己也险些当了孙膑的俘虏。

十三年后，魏国伙同赵国去攻打韩国，韩国频频向齐国告急求援。齐威王又派田忌为将，孙膑为军师，令他们前去救韩。田忌准备把“围魏救赵”的计策再用一次，上千辆兵车驰出齐国国境时，田忌要指挥齐军急速直指魏都大梁，孙膑却让田忌把大军早早安营扎寨。田忌问：“军师，兵贵神速，怎么可以早早休息？”孙膑说：“现在魏国刚刚向韩国发动进攻，如果我们急忙出兵相助，实际上就是我们代替韩国承受魏军最初的打击，不是我们指挥调度韩军，反而是听任韩军的指挥调度，所以说马上去奔袭魏都大梁是不合适的。只有当魏韩这两虎争斗一番以后，我们再发兵袭击大梁，攻击疲惫不堪的魏军，挽救危难之中的韩国，这样对我们才更有利。”于是齐军在路上磨蹭了一个多月，才向大梁发起攻击。魏王见齐军打来，急忙命令庞涓从韩国回兵救魏，又派太子申为上将军，与庞涓合兵十万，抵抗齐军。孙膑知道庞涓的部队将到，向田忌献上“减灶诱敌”的妙计。魏齐两军刚刚相遇，还没交锋，孙膑就下令部队撤退。庞涓追到齐军驻地，只见地上满是挖掘煮饭用的灶头，连忙叫士兵去清点，根据灶头的个数庞涓估计齐军有十万之众。齐军一连三天急急退却，庞涓仍派人去数灶，第二天发现齐军留下的灶头数目，只够煮五万人的饭了；第三天，减少到只够煮三万人的饭了。庞涓得意地说：“我早就知道齐军胆小怕死，进入我国境内才三天，兵士就逃走了大半。”于是他抛下步兵辎重，只带轻骑，昼夜兼程，紧紧追赶齐军。

这一天，齐军退到马陵道（今山东莘县境内）。孙膑见这里路狭道窄，两旁又多险阻，很适宜设兵埋伏，计算庞涓的行程，估计他将在黄昏时可以赶到这里，就命令士兵砍下一些树木堵塞去路，又选了一棵大树，将那大树的树干，削去一大块皮，让它露出一大片光滑洁白的树身，然后在上面写上一行黑字。接着，孙膑命令一万名弓箭手夹道埋伏，对他们说："等到魏军来到，大树底下有人点火，就万箭齐发。"

天刚黑，庞涓真的领兵追到马陵道。在士兵们搬拦路的树木时，有人发现路旁大树上的字，忙向庞涓报告。庞涓叫士兵点燃火把一看，上面写着"庞涓死于此树下"几个大字，不由得大惊。此时，齐军伏兵对准火光处万弩齐发，箭如雨下，魏军死伤无数，庞涓也身中几箭，倒在血泊之中。他自知中计，绝难脱身，只得拔剑自杀。齐军乘胜追击，俘虏了魏太子申，彻底打败了魏军。

韩非在《解老》中说："莫见其端末，是以莫知其极。故曰：无不克，则莫知其极。"就是说，能预见到事情发生的始末和极限，则无往而不胜。

孙膑不但能预知庞涓的军队何时回师救魏，更能预知到庞涓有轻敌思想，会对齐军穷追不舍，且预知庞涓会点燃火把。这一步一步的准确预判，决定了齐军将取得最终的胜利。

没有深谋远虑的指挥素质，就会吃败仗。齐国丞相管仲也有一套克敌制胜的计策。

管仲把齐国治理得很好，征服了许多割据一方的诸侯国，辅助齐桓公称霸中原。可是楚国是齐国的强劲对手，如何征服楚国呢？当时，齐国有好几位大将军纷纷向齐桓公请战，要求率重兵去打楚国，企图以武力震慑楚国。但担任相国的管仲连连摇头，说："齐楚交战，旗鼓相当。一则我们得把辛辛苦苦积蓄下来的粮草用光，再有齐楚两国万人的生灵将成为尸骨。"一番话把大将军们说得哑口无言。管仲说完，带大将军们看炼铜去了。他们不知道管仲有何妙计征服楚国。一天，管仲派一百多名商人到楚国去购鹿。当时的鹿是较稀少的动物，仅楚国才有。但人们只把鹿作为一般的可食动物，二枚铜币就可买一头。管仲派去的商人在楚国到处宣扬："齐桓公好鹿，不惜重金。"楚国商人见有利可图，纷纷加入购销鹿的行业，起初三枚铜币一头，过了十几天，加价到五枚铜币一头。楚成王和楚国大臣闻知后，颇为兴奋。他们认为繁荣昌盛的齐国即将遭殃，因为十年前卫懿公好鹤而把国亡了，齐桓公好鹿是蹈其覆辙。他们在宫殿里大吃大喝，等待齐国大伤元气，他们好坐得天下。管仲却把鹿价又提高到四十枚铜币一头。

楚人见一头鹿的价钱与数千斤粮食相同，于是纷纷放下农具，做猎具奔往深山去捕鹿；连楚国官兵也停止训练，陆续将兵器换成猎具，偷偷上山了。一年间，楚地大荒，铜币却堆积成山。楚人欲用铜币去买粮食，却无处买。管仲已发出号令，禁止各诸侯国与楚通商买卖粮食。

这样一来，楚军人黄马瘦，战斗力大打折扣。管仲见时机已到，即集合八路诸侯之军，浩浩荡荡，开往楚境，大有席卷之势。楚成王内外交困，无可奈何，忙派大臣求和，同意不再割据一方，欺凌小国，保证接受齐国的号令。管仲不动一刀，不杀一人，就制服了本来很强大的楚国。

齐楚两国实力相当，如果出兵以武力征服楚国，必然两败俱伤。管仲深谋远虑、高瞻远瞩，不费一兵一卒，就制服了本来很强大的楚国。这是治国的上策。

公元前684年，齐国发兵攻打鲁国。齐国将军鲍叔牙率军一直打到鲁国的长勺。鲁国有个精通兵法的人叫曹刿，听说鲁庄公准备抵抗齐军，就主动去请战。他的亲友劝说道："国家大事，自有那些天天吃肉的大官们管着，我们小民百姓瞎操什么心呢？"

曹刿说："不，那些大官们目光很短浅，他们是不会有深谋远见的。"

鲁庄公召见曹刿后，觉得他很有智谋，就同他带着大军上长勺去迎敌。在长勺地方，齐鲁两军相遇。齐将鲍叔牙轻视鲁军，下令击鼓进兵。鲁庄公听对方鼓声震地，也准备击鼓对敌。

曹刿阻止道：“等一等！”又传令军中。谁要喧哗，斩！光叫弓箭手守住阵脚，不许乱动。

齐军来冲鲁阵，但阵如铁桶一般坚固，不能冲动，只得退后。一会儿，齐军又擂了一通战鼓，但鲁军像扎根似的，一动也不动，齐军又退。齐军擂罢三通鼓时，曹刿才对鲁庄公说：“现在可以进兵了。”这时，鲁军战鼓一响。同时下令冲杀，鲁军将士以迅雷不及掩耳之势，冲了出去，杀得齐军全线崩溃，落荒而逃。

鲁庄公正想下令追击，曹刿却又阻止道：“慢，让我瞧瞧再说。”他站在兵车上，手搭凉棚往前瞭望，望了一阵，下车仔细察看齐军兵车碾过的车轮痕迹，才跳上车，说：“现在可以追击了。”

鲁庄公下令追击，把齐军全部赶出了国境，还缴获了敌人的好多兵器和车马。打了胜仗后，鲁庄公问曹刿为什么这样指挥。曹刿说：“打仗，主要是靠勇气。打第一通鼓时，士兵们的勇气最足，如果这时候不交锋，到再擂一次鼓时，勇气就有些衰落了，到第三回，就是响得怎么厉害，也鼓不起劲来了。他们的勇气消失了，我们则一鼓作气，斗志昂扬，怎么会打不赢他们呢？”

“有道理，有道理。”鲁庄公接着又问:“齐军既然被我们打败，你为什么不立即让士兵追击呢？”曹刿说:“齐国是大国，鲍叔牙又是名将，不可低估，说不定他们逃跑是假的，前面有埋伏。我下车看他们兵车的车轮痕迹混乱，旗帜也倒下，断定他们是真败，这才放心追击。”鲁庄公赞扬道：“你可真是深谋远虑的军事家啊！”

正如韩非所说“为其后可复者也，则事寡败矣”。事前要想到事后，考虑事情要有长远的眼光，深谋远虑，高瞻远瞩，那么成功的概率就大，失败的概率就小。

春秋时，楚相孙叔敖病得很厉害，临死前告诫他的儿子说：“大王屡次要给我封邑，我都没有接受。现在我死了，大王一定会封你。但是你一定不可接受土地肥美的地方。楚越之间有一个地方叫寝丘，偏僻贫瘠，地名又不好，楚人视之为鬼蜮，越人以之为不祥，可以让子孙住得长久的，只有这个地方。”孙叔敖死后，楚王果然要封其子很好的地方，他的儿子不敢接受，而请求到寝丘去。楚王于是把寝丘封给孙叔敖的儿子。结果一直到汉代，孙姓子孙依然在寝丘立足。为何孙姓子孙能长久安居于寝丘呢？是因为孙叔敖高瞻远瞩，土地肥沃的地方，是众争之地。贫瘠之地无人问津，居于劣地可免遭强食弱肉之灾，所以孙姓子孙在寝丘得以生生不息，安居乐业。

作为一国之君，在制定政策时，既要高瞻远瞩，深谋远虑，同时又要统筹兼顾，科学决策。

“利之所在，民归之”是韩非说的。意思是符合人民的利益，人民就会归向他。

英明的君主，在治理国家的过程中，既要维护好地方与地方之间的和谐关系，又要处理好国家与国家之间的睦邻友好关系，更要处理好人民与人民之间的友好关系。所谓利人利己，互惠双赢。

过去，有一个财主，光想着让雇工干活，而给雇工吃的却是粗茶淡饭。由于待遇差，雇工们只出工不出力。财主地里的庄稼长势很不好。

后来财主转变了观念，让雇工们吃上丰盛的饭菜，并按时发给他们工钱。这样一来，雇工们干活很卖力，财主地里的庄稼长势一天比一天好。

韩非认为，如果双方利益共存，就可以互相融合；如果双方利益相悖，就会互相排斥。这个故事告诉我们一个道理，当双方产生矛盾时，如果采用既利己又利人的方法去解决矛盾，即使关系紧张的双方也容易和平共处。（《外储说左上三》）这个故事里边，财主让雇工吃上丰盛的饭菜，并非是爱护这些雇工，而是为了调动雇工的积极性，让雇工们卖力干活，这样，财主的庄稼就会有好收成。而雇工们卖力干活，也并非是感激财主，而是通过卖力干活，既可以让自己吃上丰盛的饭菜，又能领到足够的工钱。财主和雇工的所作所为，都是为了各自的利益，所以在处理矛盾时，如果能从既利己又利人的角度去处理，那么双方的矛盾就能得到有效解决。

战国时期，有一个叫宋就的人，担任梁国某县的县令。这个县和楚国相邻，两国边境的人都种西瓜。梁国人十分勤劳，经常给瓜田浇水灌溉，他们种的瓜长势很好。而楚国人懒惰，很少给瓜田浇水灌溉，他们种的瓜长势不好。看到梁国人种的瓜长得那么好，楚国人心里不平衡，就在深夜故意去践踏和扯断梁国人的瓜藤。梁国人发现后，去请示县令宋就，要求报复楚国人，宋就听后摇摇头说："怎么可以这样做呢？人家对我们不好，我们也对人家不好，冤冤相报，对双方都没有好处！我告诉你们一个办法，每晚我们派人暗中为楚国人浇灌瓜田，以德报怨，他们就不会再来糟蹋我们的瓜田了。"就这样，梁国人暗地里为楚国人浇灌瓜田，楚国人的西瓜长势一天比一天好起来。楚国人感到奇怪，经了解才知道是梁国人暗中帮他们浇灌瓜田，于是很受震撼，便把这件事报告给楚国朝廷。楚王知道这件事后，感到很惭愧，便派人带着丰厚的礼品向梁国人表示歉意，并请求与梁国结成睦邻友好关系。

韩非认为，只要以利己之心利人，双方的关系就能融洽。在前面的故事中，宋就采用的就是这种既利己又利人的方法，解决了两国瓜民之间的矛盾。韩非说："车匠欲人富，棺匠欲人死。"意思是说造车的人希望人人富贵，富贵了就有钱买他的车；做棺材的人希望天天有人死，有人死就会买他的棺材。这些都是利益所驱，所以只要能兼顾到双方的利益，就能建立和谐社会；只顾自己的利益，忽视别人的利益，就会产生社会矛盾。

宋就采用"互惠互利"的策略处理双方瓜农的纠纷，双方矛盾迎刃而解。

宋石是魏国的大将，他率领魏国军队与楚国军队交战，开战前，宋石写了一封信给楚国的大将卫君，信上写道："两军力量相当，交战后必然两败俱伤，我们没有任何仇恨，何必兵戎相见，不如友好相待，各自回避这场战争。"卫君看完信后，觉得宋石说得有道理，避免战争，双方都没有损失，互惠互利，于是答应宋石休战。一触即发的一场战争就这样偃旗息鼓了。

韩非在《内储说下六微》中说："君臣之利异，故人臣莫忠，故臣利立而主利灭。"意思是：君臣之间的利益不一致，臣子就不会有忠诚之心，君臣之间就会离心离德。

春秋战国时期，鲁国的季孙氏、叔孙氏、孟孙氏三家贵族联合起来，胁迫国君鲁昭公，伺机夺取政权。季孙氏是领头人，所以鲁昭公派军队打击季孙氏。另两个贵族叔孙氏和孟孙氏商议去不去救季孙氏，叔孙氏的家丁说："救季孙氏对我们有利，还是不救季孙氏对我们有利？"有家丁说："没有季孙氏就必然没有我们叔孙氏和孟孙氏两家。"家丁异口同声说："那就去救季孙氏吧！"

于是叔孙氏和孟孙氏的私人卫队，从侧翼袭击鲁昭公的军队，鲁昭公的军队招架不住，败下阵来。鲁昭公被迫逃亡，客死于晋国。

鲁昭公的行为是正确的。当国家利益与小团体利益发生冲突时，君主要维护国家利益。"国害则省其利者，臣害则察其反者。"就是说，国家利益受到侵害，就看谁从中获得利益，谁获得利益就惩罚谁。臣子受到侵害，就看谁与他有怨恨，从中找出害人者，并给予惩罚（韩非《内储说下六微》）。在鲁昭公与"三桓"家族的对抗中，鲁昭公是正义的一方，可惜他考虑问题不能深谋远虑，所以败下阵来。

韩庬是韩国的丞相，但韩国国君韩哀侯却宠信严遂，于是韩庬与严遂互相憎恨，钩心斗角。严遂请杀手刺杀韩庬，韩庬逃到王宫，抱住韩哀侯求救，刺客一不做二不休，将韩哀侯和韩庬一并杀死。之所发生这样的悲剧，是因为韩庬与严遂双方利益不一致。如果韩哀侯知道"一山不容二虎"的道理，悲剧就可以避免。

然而，当坏人与坏人之间的利益相关的时候，为了共同的利益，也会串通起来做坏事。“互惠双赢”的策略也会被不轨的人利用，所以为政者要防止官员互相勾结，官官相护，谋取私利。

有一种叫翢翢的鸟，长得头重尾轻，如果它低头喝水，就会一头栽倒在水里。为了能喝到水，两只鸟会互相牵扯，一只鸟衔着另一只鸟的尾巴，这样轮流喝水，就不会栽到水里去了，这叫互惠互利。

狼和狈是两种动物。狼的前腿长，后腿短；狈则相反，前腿短，后腿长。狈每次出去都必须依靠狼，把它的前腿搭在狼的后腿上才能行动，否则就会寸步难行。有一次，狼和狈走到一个人家的羊圈外面，虽然里面有许多只羊，但是羊圈既高又坚固，于是它们想出了一个好主意：让狼骑在狈的脖子上，再由狈用两条长的后腿直立起来，把狼驮高起来，然后，狼就用它两条长长的前脚，攀住羊圈，把羊叼走。从此，人们用“狼狈为奸”来比喻互相勾结，共干坏事。

位于长江三角洲的溧阳县，在明朝初期，地位相当重要，是有名的鱼米之乡。溧阳县县令是官场公认的肥缺。当初委派县令时，朱元璋也格外留意，选了个名声不错的山西人李皋任溧阳县县令。

没想到，这李皋到了富庶的溧阳，立刻就变了本性，还暴露了一个要命毛病——好色。就这毛病，被溧阳县的衙差潘富瞧在了眼里。

别看潘富是个小衙差，在溧阳当地，可不是一般人物。他根子深人脉熟，当地的土豪权贵，和他全有交情，上上下下都要给他面子。溧阳的历任县令，也都待他客客气气，不敢轻易得罪。

身为衙差，潘富当然也想拉拢县令，他发现新来的李县令好色，便立刻投其所好，特地挑选了一个美女，献给县令，李县令迫不及待地接受了这个美女，潘富也如愿以偿地俘虏了李县令。为了掩人耳目，潘富还把美女藏在自己家里，供李县令随时传唤。

久而久之，潘富对收藏在自己家的美女也产生了情感，说来也很自然，好比家里摆一盘肥肉，每次只能看人家吃，自己哪里忍得住，有一天，潘富竟也把美女搂上了床，之后还决定娶这美女做小妾。

这可把县太爷气坏了，但又不好张扬，加上潘富这地头蛇也不好惹，所以只好把苦水往肚里咽。

潘富也知道，得罪县太爷也会有损失，最起码交情没了，得想办法补救。于是潘富厚着脸皮又找上了李皋，说："大人您别生气，您要是气不过，我倒可将功补过。"

潘富为李县令谋划了一个发财计策，让李县令转怒为喜。溧阳特产拐杖，潘富的主意是以给朝廷进贡拐杖为借口，要溧阳县每家每户上交优质拐杖，不交的重罚；交上了的，就说不合格，也罚款。

这主意让贪财贪色的李皋直流口水，俩人一拍即合，狼狈为奸。随后俩人开始了搜刮民脂民膏的罪恶勾当，并且很快就花样翻新，不但敲诈老百姓做拐杖的钱，还私收过路过桥费，老百姓在自家土地上走路也要交税，各种税费数不胜数，俩人同流合污，赚得盆满钵满。

贪官污吏的横征暴敛，终于激怒了溧阳百姓。百姓们委托读书人黄鲁写控告信，并代表溧阳百姓上京告状。这时恰好朱元璋昭告全国，明令惩贪反腐。当朱元璋看到溧阳百姓的控告信后，拍案而起，立刻派了"专案组"，下了逮捕令，两个狗官受到了法律制裁，溧阳百姓的正义得到了伸张。

所以为政者要防止贪官互相勾结，互相利用，同流合污。

双方利益一致，就能和谐相处；双方利益发生冲突，就不可能和睦相处。楚怀王宠爱姬妾郑袖，在王宫里，郑袖成了说一不二的女人，当时没有任何一位宫女能与郑袖媲美。后来，魏国给楚怀王献上了一位绝佳美女，好色的楚庄王一下子就被新来的美女吸引住了。如此一来，郑袖与美女之间就产生了利益冲突，郑袖失宠，美女得宠。阴险狡诈的郑袖心生一计，有一天，郑袖对美女说："大王喜欢美女掩嘴害羞的样子，所以你在大王面前最好掩着嘴。"美女信以为真，每次与楚怀王见面都用手掩着嘴。楚怀王觉得很奇怪，就问郑袖："那美女和我在一起时为何总喜欢捂着嘴？"郑袖神秘地贴近楚怀王的耳边说："她讨厌大王身上的气味。"楚庄王一听，勃然大怒，下令将美女的鼻子割了下来。

所以说当双方利益发生冲突时，就不可能和睦相处。治国理政应该深知这个道理。

互惠共赢，用在维护百姓利益上，不失为一条治国良策。用在违法犯罪上，就会给国家和人民带来危害。

韩非在《奸劫弑臣》中说："凡奸臣皆欲顺人主之心以取亲幸之势者也。是以主有所善，臣从而誉之；主有所憎，臣因而毁之。凡人之大体，取舍同者则相是也，取舍异者则相非也。今人臣之所誉者，人主之所是也，此之谓同取；人臣之所毁者，人主之所非也，此之谓同舍。"意思是，奸臣都想通过顺君主的意博取亲近宠爱。君主喜欢的，奸臣也表示喜欢；君主厌恶的，奸臣也表示厌恶。人们的心理大都一样，取舍相同就互相认可，取舍不同就互相排斥。要是奸臣与君主有共同的爱好，双方就有共同的取向；奸臣与君主有共同的厌恶，双方就有共同的舍弃。这就是韩非认为的奸臣被君主信任和宠爱的原因。

韩非指出，那些利用贿赂的手段来巴结权臣的人，不但让权臣得到财物，而且自己也得到升官的机会，这两种人互相利用，互惠互利，结党营私，求取富贵。

作为一国之君，既要利用好"互惠互利"的功效来处理好各种矛盾，同时也要警惕奸臣利用"互惠互利"的手段来谋取私利。

君臣的利益不同，做臣子的就不会忠诚，臣下得到利益，君主就会失去利益。治国理政，要把自己的愿望与臣下的愿望合二为一。所谓合二为一，是君主要与臣下有共同愿望，将臣下的思想与自己的思想融合在一起，统一起来，上下同心同德，只有这样才能调动所有官员的积极性，向着同一个目标前进。

第十四讲　道者，万物之所然也

“道者，万物之所然也”是韩非说的。意思是自然规律是万物兴衰的根本。

凭借事物发展的自然规律去治理国家，就能顺利成就功业；违背事物发展的自然规律去治理国家，则成事不足，败事有余，这是每位君主都应该明白的道理。

有一个巫师说，要教给燕国国君长生不老之术。燕王便派了一名大臣去学习。但是，派去学习的大臣未来得及学习，那个巫师就突然死去了。派去学习的大臣回到朝廷，如实禀报情况。燕王大怒，下令处死这个大臣。燕王不明白巫师是在骗人，反而怪罪去学习的大臣去晚了，没学到长生不老之术。巫师无法使自己长生不老，又怎能使燕王长生不老呢?

韩非认为，万寿无疆只是人们的一种愿望而已，事实上让人多活一天都很难办到。寿命是自然规律决定的，长生不老从别人那里是学不到的（《显学》）。

韩非在《解老》中说：“积德而后神静，神静而后和多，和多而后计得，计得而后能御万物。”意思是积累了丰富的经验，掌握了自然规律，人们处理问题就能沉着冷静，就能心平气和地考虑事物的得失，在审查事物得失的前提下，做事才能万无一失。

韩非还认为，按照客观规律去办事，没有不成功的；凭主观想象去认识事物，就会产生荒唐的行为。（《外储说右下》）

有一个叫虞庆的人，请来工匠为他造一座房子，虞庆要求工匠赶工期，工匠告诉他，木材未干不能使用，用未干的木材造房子，房子不稳固。虞庆不听，逼着工匠赶紧把房子盖好。工匠无奈，用未干的木材把房子盖好了。但过了不久，房子发生了严重倾斜，成了危房。

虞庆让工匠使用未干的木材造房子，是违背自然规律的。对于工匠的提醒，他置之不理，固执己见，造成了严重后果。

韩非说得好：看不见眉毛，不是因为自己的眉毛离身体太远，而是由客观因素决定的。遵照客观规律办事，选择正确有效的方法，可以收到事半功倍的效果。（《观行》）

山东德州有一个叫陶邱氏的人，娶了渤海的一个女子为妻，该女子不但姿色很美，而且还是个才女，才貌双全。夫妻俩互敬互爱，感情很好。后来妻子生了一个儿子，儿子满月时，陶邱氏带着妻子和儿子去看望岳父岳母。见到年事已高的岳母之后，回到家中陶邱氏便决定把妻子休了。

妻子问丈夫："为什么要休我？"陶邱氏说："那天去你娘家时，见到你母亲，满脸皱纹，黯淡无光，美色全无。我怕你年老之后，也像你母亲那样，失去美貌，所以现在就休了你。"

韩非认为，万物的兴衰是由自然规律决定的，遵守自然规律事可成；违背自然规律事可败。就像喝水一样，人不能离开水，但水喝多了人就会死；喝得适当人就能生存。（《解老》）生老病死是自然规律，谁都无法避免。陶邱氏不顾客观规律，担心妻子老了不好看，提前把年轻貌美的妻子休了。再美丽的女子老了都会黯然失色，这是客观规律，陶邱氏太荒唐了。

韩非在《解老》中说："道者，万物之所然也，万理之所稽也。理者，成物之文也；道者，万物之所以成也。故曰：道，理之者也。物有理，不可以相薄；物有理不可以相薄，故理之为物之制。"自然规律，是万物所以兴衰的原因，是万理的总汇合。理，是构成事物的文明形式；自然规律，是万物之所以成就的普遍法则。自然规律使万物条理化，事物按自然规律发展，生与死自然天成，兴与衰自然变化。天道自然所以高远，地道自然所以深厚，太阳和月亮循道所以永放光芒，黄帝循道所以控制四方，圣明的君主循道所以成就文明。

自然规律也叫自然法则。韩非在《扬榷》中说："夫道者，弘大而无形。"自然法则，普遍存在而且无形。"万物皆盛，而不与其宁。"事物千变万化，但自然法则不随事物的变化而变化。"道者，下周于事，因稽而命，与时生死。参名异事，通一同情。"自然法则约束着万事万物，随着时间的推移而永不停息。它伴随着不同事物的发展，就像生老病死的法则一样。"道无双，故曰'一'。"自然法则是恒定不变的，事物是可以改变的。事物的改变要依据自然法则，违背自然法则，事物就不会按照人的意志去改变，甚至还会给人类造成危害。

治国有三条法则："一曰智有所不能立，二曰力有所不能举，三曰强有所不能胜。"（《观行》）意思是充满智慧的人也有办不成的事。大力士也有举不起的东西。强大的人也有不能战胜的对手。人的眼睛可以看见百步以外的小东西，但看不见自己的眉毛，并不是百步以外的东西近眉毛远，而是自然法则（客观条件）决定了人的眼睛看不见眉毛。要看见眉毛就要借助镜子，所以没有众人帮助，虽然智慧超群、力大无比，也不能无所不能。

韩非认为"顾全大局"是治国理政的自然法则，他说古代顾全大局的人，心能装得下天地，容得下江海；行能凭借山谷起伏、日月的起落、四季的更迭、云风的变化；不让不良的心术搅乱心情，不让贪心不足拖累身心；把依法治国当作治国之道，用赏罚制度明辨是非曲直，把遵规守矩作为衡量好坏的标准；做事不违反自然规律，不伤害人的天性；不吹毛求疵，不求全责备；不做超出法律规定范围之外的事，不滥用法律强加于人；坚守现成的法则，尊重客观自然。祸患与幸福产生于自然法则，而不是因为人的爱好和憎

恶，荣辱在于自身而不在于别人。（韩非《大体》）

很显然顾全大局就是遵守自然法则，用“顾全大局”的理念，依法治国，人们心地善良纯洁，心中没有积怨，嘴上没有牢骚话，才能使人们远离战争，安居乐业。

韩非说，让石匠拿着登山钩、圆规、皮尺、墨线去校正泰山，虽尽其力，也不能端正泰山。这是自然法则。违反自然法则，让大力士孟贲、夏育拿着刀剑去治理百姓，也不能让百姓服从。只有依法治国，君主才能安然，百姓才能快乐。

韩非说，泰山不嫌微土，故高耸云天；江海不择细流，故浩瀚无际。这是自然法则，这种法则也可以转化成治国理政的法则，君主心里装得下天下百姓，人与人之间不互相伤害，维持善良的本性，尊重自然，那么国泰民安就能长久，功业就能建立。

用人也是有法则的。万物各有其性能，人才各有其专长。公鸡用于报晓，狸猫用于捕捉老鼠，这是自然法则，违反自然法则，国家就难以治理。如果让诸葛亮去拼刺刀，张飞当军师，刘备只能吃败仗。

所以韩非在《解老》中说：“得事理，则必成功。”遵守事理，事业就能成功。“动弃理，则无成功。”违背事理，事业就难以成功。

韩非在《外储说右下》中说：“因事之理，则不劳而成。故兹郑之踞辕而歌以上高梁也。其患在赵简主税吏请轻重；薄疑之言‘国中饱’，简主喜而府库虚，百姓饿而奸吏富也。”意思是凭借事物发展的道理，那么就能取得事半功倍的成效。所以兹郑坐在车上唱歌，就能使车子爬上高坡。不凭借事物发展的道理，赵简主的税吏请示税收标准，薄疑说“国中饱”，赵简主听了很高兴，但实际上“国中并不饱”，而是府库空虚，百姓挨饿，奸邪的官吏中饱私囊。

春秋后期，晋国的执政大臣赵简子（赵国君王的先人），派税官去收赋税。临行前，税官问赵简子：“这次收税的税率是多少？”赵简子回答道：“不轻不重最好。税收重了，国家富了，但老百姓穷了；税收轻了，老百姓富了，但国家穷了。你们如果没有私心，这件事就可以做得很好。”这时，有个叫薄疑的人对赵简子说：“依我看，您的国家实际上是独饱。”赵简子还以为簿疑说自己的国家很富呢，十分高兴，还故意问簿疑是什么意思。薄疑直截了当地说：“您的国家上面国库是空的，下面百姓是穷的，而中间那些贪官污吏都富了。”赵简子听了这话十分吃惊。

治国理政者应该明白，关注民生是国富民强之道。这是硬道理，不是一般的道理。可以说赵简子的政策已经非常明确，他指示税吏收税不能重也不能轻，已经非常注重民生了，只是他下面的官吏，阳奉阴违，表面上按照赵简子的税收政策收税，实际上却盘剥百姓，既喝老百姓的血又吃朝廷的肉，所以府库空虚，百姓挨饿，奸邪的官吏中饱私囊。

韩非在《解老》中说：“夫缘道理以从事者，无不能成。大能成天子之势尊，而小易得卿、相、将军之赏禄。夫弃道理而妄举动者，虽上有天子诸侯之势尊，而天下有猗顿、陶朱、卜祝之富，犹失其民人而亡其财资也。”意思是凭借事物的规律来做事的人，没有不成功的。抛弃事物的规律轻举妄动的人，虽然上有天子的权威，下有猗顿、陶朱、卜人巫祝的财富，终将劳民伤财，徒劳无功。

鲧是尧手下的大臣。有一年黄河流域发生水灾，当时没有水利设施，洪水淹没了流域内的庄稼和房屋，老百姓苦不堪言。于是尧派鲧去治理洪水，鲧凭借“水来土掩”的土办法，筑造堤坝来阻挡洪水，前后一共花了九年时间，才将堤坝筑好。但让他没想到的是，洪水把堤坝冲毁，水灾反而加剧了，当地老百姓被洪水围困，损失惨重，鲧治水也以失败而告终。

舜继位之后，舜认为鲧没有尽力治水，责备他办事不力，于是便把他杀死了。又派鲧的儿子禹去治水，大禹采用了清理河道，开挖水渠的方法，经过十几年的努力，把洪水引进大海，治水成功，为人民谋得了福利。他也因为治水的功劳继承了舜的位置，成为部落首领。

鲧治水失败的原因是他违背“水往低处流”的自然规律，而大禹治水采用的是分流洪水的方法，顺应“水往低处流”的自然规律，所以取得了成功。

韩非在《解老》中说，君主对内无苛政，对外不劳民伤财，那么民众就能繁衍生息。民众得到繁衍生息，就能丰衣足食，这是治国理政的规则。

懂得治理的君主对外不与邻国结仇，对内对人民广施恩泽，这是尊重治国理政规律的做法。不懂得治理的君主，对内残酷虐待人民，对外欺负侵略邻国，这是违背治国理政规律的做法。

韩非在《功名》中说：“明君之所以立功成名者四：一曰天时，二曰人心，三曰技能，四曰势位。非天时，虽十尧不能冬生一穗；逆人心，虽贲、育不能尽人力。故得天时，则不务而自生；得人心，则不趣而自劝；因技能，则不急而自疾；得势位，则不进而名成。若水流，若船之浮，守自然之道，行毋穷之令，故曰明主。”意思是：英明的君主之所以功成名就，原因有四：一是天时，二是人心，三是能力，四是权力地位。违背了天时，十个尧也不能使冬天长出麦穗；背离人心，虽有孟贲、夏育这样的勇士，也不能得到人民的拥护。所以得到天时，那么即使不努力麦穗自己也会生长出来；得到人心，那么不督促人们也会自我勉励；依靠技能，那么不着急人们也会力求很快完成；得到权势和地位，那么不去追求名声也会形成。就像流动的水，浮于水面的船，君主能够尊重自然，遵守规矩，所以称之为英明之主。

自然规律不能改变，但人为的规矩，人为的法则是可以改变的。随着时代的发展，环境的改变，有的规矩也要顺时而变，老规矩、旧规则要与时俱进，跟着新形势、新环境的变化而不断改变。

“变与不变，在可与不可。”韩非指出，旧思想、旧教条要不要改变，在于新思想是否正确，新方法是否科学，可行就要改变，要解放思想，变通思维，不能墨守成规，死搬教条，要创新，要发展。

郑县有一个叫卜子的人，让妻子给他做一条新裤子。妻子问他：“裤子要做成什么样子呢？”卜子说：“像我的旧裤子一样。”于是，他的妻子把新做好的裤子弄得象丈夫的旧裤子一样又破又旧。

卜子的妻子思想僵化，认死理，不知变通，理解错了丈夫的意思。丈夫要求新裤子像旧裤子一样，意思是尺寸、样式象旧裤子一样，并不是说要把新裤子弄得像旧裤子一样破旧。韩非认为，做事情，不能按照固定的条条框框来约束自己，思想要因时而变，因势而变。也就是说，做事情要解放思想，不能墨守成规，不知变通。

春秋时期，有一个商人叫监止子，有一天，他和另一个商人都想购买同一块售价百金的玉石，俩人互不相让。监止子很想得到这块玉石，怎么办呢？他灵机一动，想出了一个妙计。他假装失手，玉石跌落地下，摔坏了一角。卖主要他赔偿，他赔偿给卖主百金，如愿以偿地得到了这块玉石。他将这块玉石稍加修饰，转手买得千金，赚了好几倍。

监止子太聪明了，变通了一下思维，就获利几百金。如果他不知变通，硬和那个商人讨价还价，无休止地竞争，最后还不知花落谁家呢。所以解放思想，变通思维可以让看似难以调和的问题得以顺利解决。

韩非说：“夫不变古者，袭乱之迹；适民心者，恣奸之行也。民愚而不知乱，上懦而不能更，是治之失也。”（《南面》）意思是说，不改变古制古法是重蹈乱国的覆辙；不改变民众的旧观念，是放纵邪恶的行为。民众愚昧不知祸害，君主怯懦不知变更，就是治国的失误。

改变旧观念是改变老规矩的瓶颈。

鲁国大夫陈子车病逝了。他的夫人和管家商量后，决定用活人为陈子车殉葬。用活人殉葬就是把活人与死人一起埋葬到坟墓里，古时候，这是一种传统的规矩。但这种做法遭到陈子车叔叔的反对，叔叔认为用活人殉葬的规矩已经过时了，要改变这种传统观念。陈子车的夫人和管家顽固不化，坚持要用活人殉葬。陈子车的叔叔来气了，他说："如果你们坚持要用活人殉葬，也可以，在阴间照顾子车最合适的人选就是你们两个了，就用你们俩人殉葬吧。"听说要用自己殉葬，陈子车的夫人和管家一下子就没了气势，不敢出声了。

韩非认为，在远古时代，人口稀少，野兽横行，人类在树上搭巢居住以躲避野兽攻击，食用生冷的动植物填饱肚子。随着时代的变化，人类懂得钻木取火，把动植物烧熟后食用。再后来，人类改变了靠天吃饭的观念，出现了大禹治水的新生事物。所以圣明的人，不照搬古代的那一套，不效法常规，而是根据时代的要求，制定新的措施，避免祸乱发生。

为政者要根据实际情况，改进工作方法，转变思维方式，不断改革创新，才能减少工作失误，取得实实在在的成效。

战国时期，有一天，公孙龙骑着一匹白色的马进城，在城门口，被守门的官员拦了下来。官员对公孙龙说："上面有命令，马不能进城。"公孙龙动了一下歪脑筋，辩解说："你说马不能进城，我的是白马，白马不是马。"官员说："白马就是马。"公孙龙说："白马指的是白色的马。马指的是各种不同颜色的马。白马和马的意思是不一样的，所以白马不是马。"守门的官员说不过公孙龙，只好放他的白马进城。

其实公孙龙只是变通了思维方法而已，说白了就是偷换概念蒙混过关。但这对于思想僵化的人来说，也是一种启发。现实中，我们常说要解放思想，开拓创新，怎么去解放思想？所谓解放思想，就是思考问题时，要摆脱固有的思维方式，脑子要会转弯，要懂得变通。

有一天，外面下着大雪，天气异常寒冷。朱古民和一个朋友在家里边聊天边烤火。这个朋友对朱古民说："人们都说你很聪明，你能引诱我到户外去吗？"这个朋友想试一试朱古民的智慧，看看朱古民有什么办法把他引诱到户外去。朱古民说："户外寒冷，你肯定不愿出去。如果你站在户外，屋里暖和，我肯定能引诱你进屋里来。"那朋友说："我不信。"于是走出户外。然后对朱古民说："看你怎么引诱我进屋里。"朱古民笑着说："我已经引诱你到户外了。"那朋友这才知道上当，心里非常佩服朱古民的睿智。

朱古民采用逆向思维的方式，将朋友引出户外，这叫变通思维。韩非认为，聪明的人没有固定不变的做事方法。事物按照自然法则而发生变化，人的思想也要按照事物的变化去应对变化。

韩非在《五蠹》中说："上古竞于道德，中世逐于智谋，当今争于气力。"意思是上古时代的人在道德上竞高低，中古时代的人在智谋上争雌雄，如今的人在力气上争胜负。"夫古今异俗，新故异备。如欲以宽缓之政治急世之民，犹无辔策而御悍马，此不知之患也。"意思是古代和现代的社会风气不一样，所以新旧时代的政治措施也不一样。如果想用宽松和缓的政治措施来治理动荡时代的人民，就好像不用缰绳和马鞭去驾驭凶悍的马，这是不明智的举措。

韩非认为政治措施要因时而变，与时俱进。不能因循守旧，墨守成规，时代不同了，有些政治措施过时了，已无法起到治理的有效作用，必须改变措施，才能适应新形势新情况的需要。

有一年，鲁国发生严重旱灾，民众处于水深火热之中，古人迷信，为了祈求天公下雨，鲁哀公意欲抓一个残疾人来祭天，这个残疾人天生脖子僵硬，脸面朝天。鲁哀公想把这个残疾人放在烈日下暴晒，以博取老天爷的怜悯，降雨消灾。大夫玄子不同意这种做法，他说残疾人本来就苦不堪言，把他放在烈日下暴晒，老天爷不但不同情，反而会责怪大王残暴。鲁哀公觉得有道理，但又不知怎么办。大夫说用人来祭天的老规矩应该改变，可以通过罢市来祈求下雨。罢市也是一种老规矩，君主死了，古人通过罢市来表示哀悼，发生灾难了，古人通过罢市来表示抗议。大夫认为用罢市的方法求雨，比用暴晒人来求雨文明多了，所以建议罢市求雨。鲁哀公也同意了这种比较文明的做法。

韩非说："不知治者，必曰：'无变古，毋易常。'变与不变，圣人不听，正治而已。然则古之无变，常之毋易，在常古之可与不可。"（《南面》）意思是不懂得治理国家的人，必然会说："不要改变古代留下来的做法，不要改变常规惯例。"要不要改变，圣明的君主是不会按别人的说法去做的，而是按照正确的方法去治理国家。改不改变古代的常规惯例，要看那些常规惯例可行还是不可行。这段话旨在教导人们做事不要墨守成规，要解放思想，开拓创新。

改变旧的思想和做法，既要注重可行性和科学性，又要有开拓进取、敢作敢为的创新精神，要甩开老规矩的束缚。手脚被别人捆住，什么事都做不成。

战国时期，卫国国君卫嗣君要到晋国去，有人给他推荐了薄疑，卫嗣君便拜访了他。

卫嗣君见到薄疑说："我想带你一同前往晋国。"薄疑无语。卫嗣君又说："你小看我的国家，认为不值得你做官吗？我有力量使你做你要求的官，并准备任命你为上卿。"薄疑说："我的母亲在家中，请让我回去和她商量一下。"卫嗣君就亲自去问薄疑的母亲，结果，薄疑的母亲爽快地答应了。

于是，卫嗣君对薄疑说："我已向你母亲请求过了，她答应我了。"薄疑说："我的母亲很爱我，认为我的才能做万乘大国的宰相还有余力。但是我家乡有一个姓蔡的巫婆，我母亲非常喜欢并信任她，把家里的事托付给她。凭我的智慧，足以办好家里的事，我的母亲也完全听从我的意见。但不幸的是，我们已经说好的事，还必须再由蔡妪来决定。所以若论才智能力，我做万乘大国的宰相绰绰有余。如果论亲近，是母亲与儿子之间的关系更近一些，可是还不免要和蔡妪商量决定。现在我对于君主，没有母子那样的亲情，而君主身边却有不少蔡妪那样的人。君主的蔡妪，必定权势重大；有权势的人，是逍遥在法律准绳之外的人；而我向君主说的，都是法律范围之内的事。君主考虑过这些吗？”

薄疑说的话很实在，家里的大事小事都要经过巫婆同意才能做，而且巫婆并不是什么能人，只是骗饭吃的善于逢迎、溜须拍马，人前说人话，人后说鬼话的小人。君主身边如果有这样的小人，那就什么事都难以做成，更何况是改革创新的大事。所以君主要改革创新，首先要革这帮小人的命。

韩非在《亡征》中说：“缓心而无成，柔茹而寡断，好恶无决而无所定立者，可亡也。”意思是：思想保守，优柔寡断，畏缩不前，是非不分，决策不明，国家就会受到危害。

所以治理国家既要尊重自然规律，也要开拓创新，要实事求是看问题，想问题，解决问题。

对于治国，韩非有一句经典论述：社会之所以不能得到治理，并不是下面民众的过错，而是君主失去了正确的治国之道。（《诡使》）

参考文献

[1] 韩非子·译注. 上海：上海译文出版社，2007年
[2] 史记. 吉林：时代文艺出版社，2005年
[3] 王辉. 资治通鉴. 陕西：三秦出版社，2008年

后 记

秦王嬴政读了《韩非子》中的“孤愤”“五蠹”两篇之后，拍案叫绝，非见韩非其人不可，竟然派兵胁迫韩国将韩非交给秦国，韩非为何有这般魅力，令秦王嬴政不惜代价也要将韩非抢夺到手呢？

研读法家经典《韩非子》后感触很深，韩非的治国思想完全可以超越国界，超越时空，超越时代，为古今治国理政者参考，所以韩非的政治见解正是秦王嬴政渴求的治国之道。

如果当年秦王嬴政留下韩非，也许秦王朝不会倒，这应该是采纳李斯“用书不用人”的计谋之过。

两千年过去了，韩非的治国之道仍有非同一般的参考价值。本人研读《韩非子》有感而发，撰写了十五万字的心得体会与读者探讨。

本专著得到贺州市文联及贺州市作家协会的赏识并推荐出版，深表谢意。同时感谢贺州市文化新闻出版广电局惠以我优厚的读书创作环境。

本专著如有不当或错误之处，恳请专家、学者批评指正。在此衷心感谢本书“参考文献”中的作者及出版商。

是为后记。

陈泳达

2019年1月于岭南寿城